'북풍사건'
― 한 해외교포가 겪은 정치실화

허동웅

先人

'북풍사건' - 한 해외교포가 겪은 정치실화

초판 1쇄 발행 2007년 11월 20일

저 자 ▮ 허동웅
펴낸이 ▮ 윤관백
편 집 ▮ 김지학
표 지 ▮ 김지학
교정·교열 ▮ 김은혜 · 이수정
펴낸곳 ▮

인 쇄 ▮ 선경그라픽스
제 본 ▮ 광신제책
등 록 ▮ 제5-77호(1998. 11. 4)
주 소 ▮ 서울시 마포구 마포동 324-1 곳마루B/D 1층
전 화 ▮ 02)718-6252
팩 스 ▮ 02)718-6253
E-mail ▮ sunin72@chol.com

정가 ▮ 11,000원
ISBN 978-89-5933-099-7 93900

■저자와의 협의에 의해 인지 생략.
■잘못된 책은 바꾸어 드립니다.

'북풍사건' — 한 해외교포가 겪은 정치실화

차례

추천의 글 6
책을 펴내며 9

제1부 김대중이 당선되면 다 죽는다

1. 아슬아슬했던 제15대 대선 전야 15

북풍의 서막 – 오익제 편지 등장 ■ 16
윤홍준의 기자회견 ■ 17

2. '아말렉 작전' : 암호명 '상황사업' 23

'상황사업' ■ 23
'허동웅을 간첩으로 만들어라' ■ 25

3. 윤홍준의 기자회견의 내막 27

첫 번째 기자회견 – 북경에서 ■ 27
신문에 나지 않은 기자회견 ■ 31
두 번째 기자회견 – 동경에서 ■ 33
세 번째 기자회견 – 서울에서 ■ 34
1997년 8월 '허동웅 간첩 만들기' 지시 ■ 46
변명으로 일관한 권영해 진술 ■ 52
"허동웅 사무실을 털어 오라" ■ 59

4. 김대중 대통령과의 만남 62

조만진 국장과의 만남 ■ 62
실패로 끝난 등신불사업 ■ 68
김대중의 일산저택에서 ■ 71

제2부 드러난 공작의 실체

1. 윤 씨에게 놀아난 안기부 79

윤홍준의 정체 ■ 79
'대수롭지 않은 일'로 판단해 귀국 ■ 80
"한국말 잘못한다" 너스레 ■ 82

Contents

월세 아파트서 살면서 '귀족' 행세 ▪ 85
'반공우익 성향 강한 사람' 평가 ▪ 89
회견 실패 후 안기부 태도 돌변 ▪ 91

2. 내가 아는 윤홍준 |93

조만진 국장의 황망한 전화 ▪ 93
청천벽력 같은 소식 ▪ 97
'진실을 외치고 싶다 – 윤 씨의 터무니없는 음모에 반격하며' ▪ 103

3. 안기부와 윤홍준의 커넥션 |111

'상황사업'이란 암호명이 붙은 사연 ▪ 111
권영해의 검찰 진술 ▪ 117

4. 검찰조사 |120

윤홍준과 대질심문 ▪ 124

5. 뜻하지 않았던 안기부 조사 |127

기자회견으로 일약 '유명세' ▪ 132

6. 진실은 법정에서 |134

정정당당하게 법정에 서다 ▪ 136
북풍이 불고 난 뒤 – 빗나간 '구국충정' ▪ 141

7. "나는 순수 중국 조선족일 뿐이다" |147

천하의 개구쟁이 ▪ 147
감동적이었던 1989년 첫 한국 방문 ▪ 155

에필로그 – 대한민국에 바라고 싶다 |161

후세에 나와 같은 피해자가 없길 ▪ 161
'도대체 양심이양심이 어디에 갔는가' ▪ 165

부록 – 권영해 전 안기부장의 3월 20일 1차 심문 내용(요약본) |171

추천의 글

역사적 진실을 기록하고 과거의 아픔을 치유하는 타산지석

정창현 (사)현대사연구소장 · 국민대 겸임교수

1998년은 '북풍'과 관련해 많은 사건이 터져 나온 해였다. 가장 먼저 터진 것은 국가안전기획부(이하 안기부) 전 해외공작실장 이대성 씨가 작성한 '이대성 파일 사건'. 이 파일은 이 전 실장이 만들었으나, 사건을 일어나게 한 장본인은 김영삼 정부 시절 안기부장을 지낸 권영해 씨다.

제15대 대선을 앞둔 1997년 12월 7일 권영해 당시 안기부장은 김대중 후보의 당선을 방해할 목적으로 이대성 실장에게 윤홍준 씨 기자회견을 지시했다. 이에 이 실장이 부하 직원을 시켜 윤 씨에게 2만 달러를 건넸고, 윤 씨는 대선 직전 세 차례나 "김대중 후보는 1971년 대통령선거 때부터 15대 대통령선거 때까지 북한으로부터 선거자금을 수령해 왔고, 국민회의 조직국장 조만진이 조선족인 허동웅을 통해 대북접촉을 해 왔으며, 김대중 후보가 이사장으로 재직한 바 있는 아태평화재단이 북한 측 자금으로 설립됐다"라는 내용의 기자회견을 열었다.

그러나 1997년 12월 18일 치러진 대통령선거에서 김대중 후보가 당선되자 선거 개입공작을 지시한 안기부가 궁지에 몰리게 됐다. 1998년 2월 12일 윤 씨가 공직선거 및 선거부정 방지법 위반 혐의로 구속되고, 윤 씨에게 돈을 건넨 해외공작실 직원들도 구속

됐다.

이에 이 전 실장은 국민회의 관련 인사들이 대북접촉을 한 사실을 담은 자료를 모아 자신 등을 수사하면 이 자료를 공개하겠다는 뜻으로 정대철 당시 국민회의 부총재에게 전달했다.

이 자료에는 남북을 오가며 북한 실력자를 접촉했다는 안기부의 비밀 공작원 '흑금성(본명 박채서)'이 15대 대선을 앞두고 국민회의 정동영·천용택 의원과 접촉한 내용도 포함돼 있었다. 이 자료는 《내일신문》, 《한겨레신문》 등으로 넘어가 보도되면서 '이대성 파일'이란 이름을 얻었고, 여러 언론이 앞다퉈 취재하게 됐다.

이 해는 필자로서도 잊기 어려운 해였다. 당시 필자는 중앙일보 통일문화연구소 현대사팀에서 북한팀으로 자리를 옮긴 지 얼마 안된 시점이었다. 그해 봄 정국을 폭풍 속으로 몰아넣은 '이대성 파일'이 열렸다. 1997년 대통령선거를 앞두고 벌어진 이른바 '북풍(北風)사건'이 세상이 알려진 것이다. 필자는 연일 '이대성 파일'에 언급된 공작과 인물을 취재하느라 바쁜 나날을 보내야 했다. 그중에서도 '흑금성 박채서', '고인돌 윤홍준', '북한 간첩'으로 발표된 '허동웅'이 주요 취재선상에 오른 인물이었다.

10년이 지난 올해 여름 필자는 우연히 선배로부터 허동웅 선생의 수기를 받았다. 받자마자 단숨에 읽어 나갔다. 한 장 한 장 넘길 때마다 10년 전 취재했던 내용이 하나씩 둘씩 떠올랐다. 이 수기를 통해 당시에 의문의 인물이었던 '허동웅'의 실체를 확실하게 알 수 있게 됐다. 그는 정권재창출에 눈이 어두워 정치공작에 나섰던 안기부의 뜻하지 않은 희생양이었던 것이다.

몇 달 후 서울에 온 '역사적 인물' 허동웅 선생과 인사동에서 만났다. 3차까지 술자리를 옮겨가며 이야기를 나눈 후 필자는 그의 수기가 출간돼 비록 10년이 흘렀지만 '북풍사건'의 역사적 진실과 그 틈바구니에서 짓눌렸던 한 개인의 체험을 밝히는 것이 좋겠다는 생각이 들었다.

지난 10년 사이에 남북관계는 괄목한 발전을 이루었다. 올해 10월 2~4일에는 평양에서 노무현 대통령과 김정일 국방위원장 간의 제2차 남북정상회담이 열려 '2007남북정상선언'이 발표됐다. 과거 적대적인 남북관계는 2000년 첫 남북정상회담과 '6·15공동선언'을 통해 화해와 협력의 단계에 접어들었고, 올해 두 번째 정상회담을 계기로 상호존중과 신뢰의 단계로 발전하기 시작했다. 이제 다시는 '북풍사건'과 같은 불행한 과거가 되풀이 되서는 안 된다. 아니 그러한 사건이 벌어지지 않을 정도로 남북관계는 성숙돼 있다.

모쪼록 이 수기가 왜곡된 과거를 올바르게 기록하고, 현재의 타산지석이 됐으면 하는 바람이다.

책을 펴내며

"용서와 사랑은 너그러운 강자만이 할 수 있다"

1997년 한국의 정국을 강타했던 '북풍사건'이 매듭지어지고 권영해 전 안기부장을 비롯해 안기부 직원들이 줄줄이 감방에 구속되던 어느 날, 나를 안다고 자처하는 여권의 한 의원이 사석에서 이런 얘기를 했다고 들었다.

"참, 권영해 안기부장이 정말로 멍청한 짓거리만 하고 다녔어요. 빈털터리 윤홍준이를 이용하지 말고 처음부터 아예 허동웅이를 거액 들여 엮어 DJ를 쳤더라면 정권교체는 아마 없었을 것이다…."

이 말을 전해 듣고 나는 '나를 몰라도 한참이나 모르고 한 얼빠지고 정신나간 소리'라고 생각했었다. 언뜻 들어봐도 어이가 없고 참으로 한심하고 기가 찬 얘기다. 이런 얘기를 내 앞에서 꺼냈더라면 나는 아마 보기 좋게 욕사발을 퍼부었을 것이다.

내가 정말로 돈에 미쳐 환장했던 거라면 한국 언론과 안기부를 상대로 100% 이긴다는 10억짜리 송사를 왜 포기했겠는가?!

자본주의 사회인 한국에선 돈, 돈이면 다 통할는지는 잘 모르겠으나 사회주의 중국에서 교육받고 살아온 우리는 그들과 본질적으로 뭔가 달라도 다른 데가 있는 것이다.

사실 세상에 돈을 싫어하는 사람이야 어디 있겠느냐 만은 챙겨야 할 돈이 있고 또 그렇지 않은 돈이 있는 법이다.

그때 나는 소송을 앞두고 꽤 많은 고민을 했지만 끝내 포기해 버렸다. 이 일을 두고 주위의 친구들이 농담조로 나보고 '어디 아픈데 없는가'라며 의아해 한 적이 한두 번이 아니었다. 그러나 이제 와서 생각해 봐도 그게 그렇게 별로 잘못한 일은 아닌 것 같다. 대한민국에 기여한 것이나 다름없다고 생각하니 자기위안을 삼을 따름이다.

DJ집권 5년 동안, 사실 나로서는 정말로 제일 괴롭고 힘들었던 인고(忍苦)의 기간이었다. 검찰, 안기부, 법원에 참고인 자격으로 자진 출두(중국인 신분인 나는 어쩌면 영원히 출두하지 않아도 될 법했다)하니 나와 친분이 꽤나 깊었던 사람들도 내가 진짜 '간첩'인 듯 착각하고 등을 돌리거나 멀리했었다. 설거지도 안 했는데 접시를 깼다고 하는 식으로 색안경을 끼고 나를 대하니 나 스스로도 그저 억울해서 곤혹스럽고 한심하게 느껴졌을 따름이다.

안에서 던진 돌이 더 아팠다. 매번 그들이 중국에 올적마다 성의 있게 잘 대해 주고 시키는 심부름을 열심히 한 '죄' 밖에 없는 것 같은데 말이다. 나의 진심 어린 성의에 '허(許) 접대'라는 별명까지 붙여놓고 간 사람들이 어쩌면 그렇게 갑자기 180도 홱 돌아서서 이럴 수가 있는가 말이다. 의리는커녕 손금 만한 인정머리조차 없는 이런 배신자들이 어떻게 한국사회에서 정치를 하는가 의심이 들 정도였다. 하기야 손을 싹싹 비벼야 하고 거짓말을 해야 하며 낯이 두꺼워야 뭔가를 할 수 있다는 얘기를 꽤 자주 들어왔던 나로서는 그들이 그런 행태를 밥 먹듯 했을 것이라 짐작을 한다. 진흙탕 정치판에서 간신히 살아나가는 그들의 행태를 언론을 통해 볼 때마다 오히려 그들의 인간 됨됨이가 걱정스러웠고 구역질이나 나 얼굴이 막 뜨거워졌다.

다른 한편으로는 주위의 많은 사람들이 내가 DJ측 사람들을 두루 안다는 것으로 돈 꽤나 벌었을 것이라며 동업을 하자거나 돈까지 빌려 달라고 해 난감했던 적이 한두 번이 아니었다.

DJ집권시절, 나는 그 어떤 정치인에게 도와달라고 손 내밀어 본 적이 단 한번도 없었다. 아니, 그들을 안다는 자체가 부담스러워 오히려 내 스스로 몸을 최대한 낮추며 다녔다. 그러나 나는 언제나 당당하고 떳떳했다. 양심에 비추어 추호의 부끄러움도 없었기 때문이었다.

용서와 사랑은 진실로 너그러운 강자만이 할 수 있다고들 한다. 나는 이번 사건을 통해 증오보다는 용서와 관용의 지혜를 터득했다고 자신 있게 말할 수 있다. 강한 자가 이기는 것이 아니라 이긴 자가 강하다는 말만 간직하고 싶다.

그저 열심히 일하라고 이 세상에 태어 났구나 하는 생각으로 이제부터라도 더 재미있게 살고 더 의미 있게 죽고 싶을 뿐이다.

나는 이번에 이 수기를 쓰면서 지나간 많은 것들을 새삼스럽게 돌아보게 되었다. 지나간 40여 년 인생을 되돌아보면서 '그래도 내 옆에 항상 고마운 분들이 더 많았구나' 하는 생각을 하니 '헛된 삶은 살지 않았구나' 하는 위안이 들었다.

일일이 적을 수는 없지만 그래도 꼭 밝혀두고 싶은 몇 분들이 있다.

먼저 60세에 한국에서 중국 연변에 진출하시어 온갖 파란 많은 곡절을 거쳐 오늘날 혁혁한 성과를 이루신 연변 성보호텔유한회사 정영채 회장님과 또 오늘날의 성보가 있기까지 정 회장님 옆에서 진심으로 보좌하고 피땀을 함께 쏟아온 친 누님과도 같이 존경하는 김성순 이사님을 평생 두고두고 기억할 것이다. 나의 가족과 같은 귀중한 존재인 성보는 참으로 나에게 돈으로 바꿀 수 없는 소중한 것을 가르쳐 주었고 안겨주었다. 성보호텔의 무궁한 발전을 두 손 모아 기원할 뿐이다.

다음은 물심양면으로 진심으로 꾸준하게 도와준 한국의 딱친구 우진호 회장과 아우 박호근 사장께도 항상 고마움과 감사의 뜻을 간직하고 있다.

아울러 내가 북경에 첫 발을 들여 놓을 때 든든한 발판이 돼 주었던 최현 형님과 채광호 형님, 이춘일 형님 왕용(王勇) 사장님 그리고 친구 광현이, 진석에게도 진심으로 감사의 뜻을 전한다.

끝으로 이 수기에 추천의 글을 직접 써주신 월간 《민족21》 정창현 주간님(국민대 겸임교수), 도서출판 선인 윤관백 사장님, 그리고 이 책을 낼 수 있도록 고무 격려해주신 존경하는 정기열 중국 사회과학원 교수님께도 깊은 경의를 표하고싶다.

이 책을 사랑하는 아내와 가족 그리고 오케이월드 회사 직원들에게 제일 먼저 선사하고 싶다.

2007년 10월의 마지막 하루
북경 중산공원의 사무실에서

제1부

김대중이 당선되면 다 죽는다

제1부
김대중이 당선되면 다 죽는다

1. 아슬아슬했던 제15대 대선 전야

"북풍을 가지고 이렇게 장난을 쳐도 되는 겁니까? 도저히 묵과할 수 없어요. 엄중히 경고합니다."

1997년 12월 5일 점심께. 조세형 국민회의 총재권한대행은 전화통을 붙잡고 청와대 김용태 비서실장에게 마구 퍼붓고 있었다.

김용태 실장은 조세형 대행의 항의전화에 "대통령께 보고 드리겠다"고선 곧바로 다시 연락해 왔다. "대통령께서 며칠 전 권영해 안기부장의 보고를 받았답니다. 권 부장에게 편지가 조작일 가능성이 있고 하니 함부로 발표하지 말라고 지시하였답니다. 별일 없을 겁니다."

이날 오전에 벌어진 안기부의 갑작스런 목동국제우체국 오익제 편지 '압수수색 소동'을 두고 김 실장과 조 대행 간에 벌어진 실랑이였다. 오익제는 그해 8월 15일 북한에 밀입국한 천도교 전 교령이다.

북풍의 서막 - 오익제 편지 등장

대한민국 대통령선거를 불과 두 주일도 채 안 남기고 안기부의 '김대중 후보 죽이기 공작'의 신호탄이 터짐과 동시에 본격적인 북풍공작이 전면적으로 개시된 셈이다.

"뭐가 별일 없다는 거요? 이미 안기부가 언론에 공개하는 절차를 밟고 있어요. 이번 일이 잘못되면 청와대도 공동책임이 있습니다. 김 대통령의 의지가 그렇다면 권 부장에게 다시 한번 그 뜻을 전하도록 하세요."

"그렇겠군."

하지만 이날 오후 3시, 각 언론사들은 일제히 오익제 편지 내용을 대서 특필로 지면을 장식하고 있었다.

"안기부장과 연락이 잘 안 됐습니다. 오늘 3시에야 가까스로 통화가 돼 그러지 말라고 했습니다."

조 대행에게 다시 걸려온 김 실장의 전화였다.

"아니, 일국의 대통령이 안기부장과 3시간 동안이나 연락이 닿지 않는다고요? 전쟁 나면 어떻게 할거요. 말도 안 되는 소리하지 마시오."

12월 6일, 안기부는 오익제 편지 전문을 언론에 공개했다. 고성진 대공실장이 검찰기자실에 제발로 찾아와 공개한 편지 내용은 이러했다.

"후광(김대중 후보의 호)선생님 : 옥체 건강하시고 사모님과 온가족이 편안하십니까? … 이곳의 통일열망도 대단하며 특히 선생님께 유리한 대선정국을 놓고 이북의 여러 인사들도 후광선생님의 대승을 기대하고 있음을 감지한 바 있습니다. 선생님께서도 이북의 영도자와 협의하여 통일을 성취하겠다는 소신을 표명하였다는 것을 저도 알고 있습니다."

이 편지의 파장이 어디까지 미칠지 누구도 가늠할 수가 없었다. 마침 그 당시는 국제통화기금(IMF) 충격 때문에 나라 경제가 휘청거릴 때라 민심도 흉흉했다. 대선을 코앞에 한 정치판은 더더구나 말할 나위가 없었다.

이때 국민회의 북풍대책팀에 또 느닷없는 첩보가 전해졌다.

"안기부가 CMJ를 이용해 뭔가 엮으려고 하고 있다."

"CMJ!"

국민회의는 다시 한번 바짝 긴장하기 시작했다. 난데없이 해외에서 차가운 '북풍'이 몰아쳐 오고 있었던 것이다.

윤홍준의 기자회견

12월 11일, 중국 북경 홀리데이인호텔. 재미사업가라고 자칭한 30대의 윤홍준이 갑자기 나타나 기자회견을 자청한다. 북한을 여러 차례 방문했다는 윤 씨의 기자회견 내용은 대개 이러했다.

"지난 11월에 DJ가 TV토론 연설에서 자신이 집권하면 남북관계를 1년 안에 획기적으로 개선하겠다는 장담을 보고 놀랐었다. 거기에 밀입북한 오익제가 DJ에게 보낸 편지 사실을 보고 DJ가 대통령이 되면 큰일날 것이라는 생각이 확고해져 아래와 같은 사실을 공개하기로 결심했다. … 허동웅은 북한의 김정일 매제인 장성택 부장 등 고위층과 두터운 인맥을 가진 조선족이다. 1996년 8월, 그는 중국인민대표위원회위원장인 만리의 큰아들 만백우와 서울을 방문했는데 초청한 사람이 바로 국민회의 총재 김대중이다. 그가 형님이라고 부른 국민회의조직1국장인 조만진은 비밀리에 여

▲ 1997년 12월 11일 윤홍준이 필자와 만백우일행이 일산 김대중 총재를 방문해 찍은 기념사진을 보여주면 기자회견을 하고 있다.

러 차례 북한을 드나들었으며 그의 안내로 8월 15일 일산에 있는 김대중 자택에서 조찬을 같이했다. … 허동웅은 내가 투숙했던 리츠칼튼호텔에서 '김정일 장군이 금년 대선을 위해 DJ에게 선거자금을 제공할 것이다' 라고 얘기했다. … 나중에 알고 보니 허동웅은 북한의 범상치 않은 간첩이었다."

국민회는 자체 조사를 거쳐 'CMJ' 가 바로 조만진 국장의 영문 이니셜을 지칭한 것임을 밝혀냈다.

12월 12일, 북경 기자회견 다음 날. 윤홍준은 일본의 동경에 나타나 비슷한 내용의 기자회견을 반복했다.

"1997년 11월, 허동웅은 '아태재단은 북한의 자금을 받아 설립하였고 그 후 북한도 조선아시아태평양평화위원회를 만들고 양쪽 접촉창구와 통일론의 일관화를 위한 기구로 사용하여왔다. … 그는 또 내가 북경에 왔을 때 '중남해라는 곳에서 국민회의 측과 북한고위층이 상호조건을 내걸고 어떤 접촉을 할 것이다' 라고 말했다."

붙는 불에 부채질일까? '괴편지 시리즈' 는 끊이지 않고 계속되었다.

이번엔 재미교포 김영훈 목사와 임춘원 전 의원 등이 12월 13일 DJ가 1970년대에 납치됐던 데이고구 호텔에 나타나 기자회견을 갖고 또 다른 편지를 공개한다.

이들은 12월 2일부터 8일간 북한을 방문하던 중 김병식 조선사회민주당 위원장이 DJ에게 보내는 편지를 받았다며 사본을 제시했다.

'오익제 망령'은 그칠 새 없이 계속됐다. 오익제가 12월 12일과 13일 이틀에 걸쳐 평양방송에 나타나 연설을 한 것이다.

"국민 여러분, 이 사람은 조국남부에서 여러분들과 수난을 함께 해온 천도교 전 교령이며, 국민회의 상임고문인 오익제입니다. … 이에 관해서는 국민회의 쪽 인사들이 잘 알 것입니다. 특히 국민회의 후보와는 월북 직전까지 통일문제를 자주 거론하여 왔습니다."

대선 때마다 색깔론 시비에 휘말려왔던 국민회의는 물론 DJ에게도 피가 마르는 고비의 순간이었다. 국민회의 측은 북풍차단을 위해 미리 준비해 둔 이른바 '정재문 카드'를 꺼내 맞불작전을 폈다. 11월 말에 입수한 첩보내용이었다.

"재미사업가 김양일의 소개로 한나라당 정재문 의원이 북한 조국평화통일위원회의 안병수 부위원장을 중국 북경에서 11월중에 두 번이나 비밀리에 접촉을 가지고 이번 선거 막판에 이회창이 대선에서 승리하면 김정일과 정상회담을 갖겠다는 합의를 했다. 이회창 측은 그 대가로 북한 농업개발비로 1억 달러를 제공할 것을 약속했으며 그 거래를 위해 준비해 간 500만 달러 중 김양일에게 커미션으로 300만 달러, 북한에 200만 달러를 제공했다."

12월 14일 국민회의 측은 또 북한군 2~3개소대가 휴전선에 투입될 것이라는 첩보를 입수했다. 그 다음 날 조세형 대행은 대북한 특별경고 성명을 발표한다.

"선거에 임박해 북한군이 휴전선에서 도발행위를 감행함으로서 이번 대선에 중대한 영향을 미칠 수 있는 모험극을 벌일 위험성에 대해 우리 당은 북한 당국에 엄중히 경고한다."

선거를 불과 이틀을 앞둔 12월 16일, 윤홍준이 또 서울 여의도 63빌딩에 나타나 세 번째 기자회견을 반복하곤 그날로 도망치듯 미국으로 출국했다.

전쟁은 피를 흘리는 정치요, 정치는 피를 흘리지 않은 전쟁이라고 했던가. 평범치 않았던 1997년 이 한해. 어찌됐건 제15대 대통령선거를 맞는 대한민국의 정치판은 한치 앞을 가늠할 수 없는, 흡사 전쟁터를 방불케 하는 아슬아슬한 뒤죽박죽의 한해였다.

제15대 대선이 눈앞에 바득바득 다가옴에 따라 각종 여론조사에서 김대중 후보의 지지도가 미소한 오차범위 내에서 당시 이회창 후보를 바짝 추격하고 있어 여당은 물론 안기부도 여간 이 불안한 일이 아닐 수 없었다. 그래서 더 다급했을지도 모른다.

"김대중이 당선되면 다 죽는다."

선거 이틀을 앞두고 기득권층에서는 "서울의 붉은 정권은 불용" 등의 발언들이 공공연하게 나돌았다.

지난 40여 년간 야당생활을 해 온 김대중 후보가 집권하게 될 경우 피의 보복이 시작될 것이라는 막연한 불안감이 한국 정치권을 휘감고 있었다. 실제로 대선을 앞두고 기득권층의 위기의식은 심각했다. 권력의 중심에 서서 온갖 이익을 향유한 그네들로서는 DJ가 집권하게 되면 그간의 자신들에 의해 자행된 정치공작이 백일하에 드러나겠기에 이 마당에서 네가 죽느냐 내가 사느냐하는 심각한 위기를 맞는 판국이었다.

권력의 하수인 노릇을 해 왔던 안기부는 대선을 앞두고 수단과 방법을 가릴 여념이 없었다. 무슨 수를 써서라도 DJ의 당선만은 막아야 했다. 그래서 안기부는 무시무시하고도 어마어마한 정치공작인 '북풍공작'을 만들어낸다.

2. '아말렉 작전' : 암호명 '상황사업'

'상황사업'

'상황사업'은 안기부가 윤홍준의 '첩보'와 이를 근거로 이른바 자기들이 입수했다는 북한과 김대중 후보와의 연계를 지칭해 만들어낸 암호명이다. 일명 '고인돌사업' 혹은 '이스턴사업'이라고 부르도 했다. 이작전을 통틀어 '아말렉 작전'이라고 했다.

'아말렉 작전'이란 공작명은 기독교 장로인 권영해 부장이 구약성서 '출애굽기'에 나오는 '아말렉 사람들' 이야기에서 힌트를 얻어 직접 지었다는 게 검찰 관계자의 설명이다.

구약성서 17장 8절에 나오는 '아말렉 사람들' 이야기는 이스라엘 사람들이 이집트를 탈출해 가나안으로 향하던 도중 아말렉 부족의 공격을 받자, 모세가 여호수아를 시켜 아말렉을 치도록 했다는 내용이다. 성경에는 모세가 두 팔을 들고 있어야만 이스라엘이 이긴다는 신의 계시를 받았는데, 팔이 피곤해지자 형제인 아론과 훌이 모세의 팔을 받쳐주어 해가 지도록 내려오지 않아 여호수아가 아말렉을 물리쳤다고 씌어 있다.

권 씨가 이런 암호명을 붙인 것은 자신을 '모세'로, 친북세력(김대중 후보)을 '아말렉'으로 여겼기 때문이었던 것이다. 아말렉을 쳐부수어야만 '젖과 꿀이 흐르는 땅'인 가나안에 이를 수 있다는 신념이 이 암호명에는 배어 있었다.

　안기부의 북풍공작은 명색이 교회 장로라고 하는 권영해 전 안기부장에게는 그야말로 하나의 '성전'(?)이다시피 했던가 보다.

　"상황사업?"

　지금에 와서 생각해 봐도 정말로 너무 엉터리여서 어처구니가 없다. '상황'이란 말이 처음으로 등장하게 된 사연은 이랬다.

　1996년에 조만진 국장을 알게된 이듬해 여름에 있었던 일로 기억된다. 어느 날, 조국장이 서울에서 전화를 걸어 왔다. 아내가 유방암인데 상황버섯이 암에 좋다며 한번 구해 볼 수 없겠냐며 물어왔다. 같은 값이면 오리지날 북한산이 효과가 더 좋다고 했다. 그러면서 그는 "요즘 한국에서 북한산 상황버섯이 너무 귀해 없어서 못사는 판이라면서 구할 수만 있다면 장사라도 해보면 어떻겠느냐"라는 말을 덧붙였다. 그때까지 만해도 나는 상황버섯이라는 것을 구경조차 못했을 때였다. 장사가 잘된다는 말에 나는 목단강에 진출한, 평소 내가 잘 아는 북한의 오모 사장에게 부탁해 샘플로 5kg 정도 구해 왔다. 그 후 조 국장이 북경출장을 왔다가 2kg 정도 가져갔고, 이 버섯이 암에 좋다는 말을 들은 윤홍준도 나의 사무실에서 자기 누이도 암환자라며 얼마를 가져간 일이 있었다. 상황버섯에 관한 얘기는 이것이 전부다.

　그런데 안기부는 이 '상황버섯'을 엉터리없게도 상상의 날개를 펼쳐 '상(=북한)황(=김정일)사업'이라는 공작명을 붙여

'상황', '상황' 하면서 교묘하게 써먹었다. 이 이야기는 나중에 벌어진 일이다.

'허동웅을 간첩으로 만들어라'

대선기간 중 김대중 후보 진영을 가장 긴장시킨 사건이 바로 윤씨의 기자회견이었다. 만약 안기부의 애초 계획대로 윤씨의 기자회견이 성공적으로 성사되었다면 15대 대선에서 김대중 후보의 당선은 없었을지도 모른다.

원래 안기부는 협조자로 포섭한 윤 씨의 공작내용을 근거로 조만진 국장을 간첩혐의로 체포해 김정일 국방위원장의 비밀 친서를 중간에서 전달한 적이 있다는 고백을 강제로 받아내려 그림을 그렸었다고 한다. 그게 바로 앞에서 언급한 CMJ작전, 즉 '조만진 간첩만들기 작전'이었다.

소나무를 매장시키려면 그 주

▲ 1996년 6월 새정치국민회의 김대중 총재 집무실 앞에서 조만진 국장, 이종찬 의원, 정동영(지금은 신당의 제17대 대통령후보)의원과 함께 기념촬영을 했다.

위의 잔디풀부터 매라고 했던가?

조만진 국장은 1980년부터 김대중 진영에 합류해 당 조직국에서 일하면서 김대중 총재의 두터운 신임을 얻어 조직1국장까지 지낸 당 각료였다. 그는 김대중 총재의 장남인 김홍일 의원이 주도하는 당청년조직 '연청'의 중국방문단 일행으로 1994년 처음 중국을 방문한 이후 10여 차례나 방중한 것으로 알려졌다. 그 사이 조 국장은 박명애라는 심양의 조선족사업가를 사업차 여러 차례 만나게 되었다. 이런 사실을 안기부는 미리 알고 있었다. 박명애는 1996년 북한서 망명한 황장엽의 수양딸로 알려진 인물이다. 안기부는 황장엽의 증언이라면서 조만진이 박명애를 통해 북한과 내통했다는 이른바 '황장엽 파일'로 연결시켜 북한간첩으로 엮으려했다.

그때 국민회의 측을 출입하던 안기부요원들도 "조만진은 간첩이다. 곧 안기부에 잡혀갈 것이다"라며 은근히 흘리고 다녔다 한다. 조 국장도 이후 자기 처지가 어떻게 될 것인지를 예감하고 조세형 대행에게 유서까지 써 받쳤다고 한다.

이즈음 국민회의는 맞불작전으로 미리 준비해 둔 20분 분량의 비디오테이프를 안기부에 흘렸다. 박명애가 자기결백을 주장한 비디오 성명이었다.

조 국장의 체포설이 파다하게 난무하고 있을 무렵 국민회의 측은 뜻하지 않게도 '은인'을 만나게 된다. 안기부 내부직원이 양심선언을 발표한 것이다.

"만약 안기부가 조만진을 간첩죄로 잡아간다면 내가 공작의 전모에 대해 양심선언을 하겠다."

이 사건으로 안기부의 CMJ작전은 결정적인 타격을 입게된다. 그러자 안기부는 '조만진 간첩만들기'를 포기하고 '허동웅 간첩만들기'로 전환해 윤홍준의 기자회견공작을 획책한다.

3. 윤홍준의 기자회견의 내막

첫 번째 기자회견 - 북경에서

1997년 12월 11일 오전 11시경, 북경시 동북 쪽에 위치한 홀리데인 호텔.

윤 씨의 전화가 베이징의 한국 특파원들에게 걸려오기 시작했다. 그 전까지 비공식적으로 일부 특파원들에게만 접근해오던 윤 씨가 움직임을 본격화한 것이다. DJ 관련 놀랄 만한 사실을 폭로할 것이 있으니 기자회견을 하겠다는 내용이었다.

그때 북경특파원으로 있던 모 일간지 기자의 말이다.

"원래는 나와 모TV특파원 둘이서 홀리데인호텔 맞은편에 있는 신만수호텔 커피숍에서 만나기로 약속이 되어 있었다. 그런데 윤 씨는 약속시간에 나타나지 않고 전화를 걸어왔다. 그쪽에 기관원들이 쫙 깔려 있는 것 같으니 자신이 투숙한 홀리데인호텔 객실에서 만나자는 것이었다. 윤 씨는 신변의 위험을 무릅쓰고 결단을 내렸다며 미리 준비한 A4용지 10장 분량의 유인물과 관련 사진이라며 수십 장을 내놓았다."

그가 배포한 내용을 요약하면 다음과 같다.

"나는 미국의 영주권자이며 워싱톤에서 무역과 투자자문 회사를 하고있는 윤홍준이다. … 우리국민들은 기만당하고 이번 선거를 치를 수 없다. DJ는 북한과의 연결을 온갖 표현을 써가며 부정했다. 그러나 한국의 속담대로 '아니 땐 굴뚝에서 연기가 나는가' 란 말이 이럴 때 쓰이는 말이란 것을 알았다, 그동안 틈틈이 기록해 온 내용들을 정리해서 증거자료와 함께 세상에 공개한다.

나는 1996년 10월 이후 1997년 8월까지 모두 여섯 차례 북한을 방문했다. 캐나다 토론토에서 만난 북한의 김철용을 통해 북한사업에 관심을 가졌기 때문이다. 북한의 대흥선박회사에 근무하는 김 씨를 통해 베이징에서 북한인 박명부부를 만났고, 박 씨 부부를 통해 다시 허동웅이라는 조선족을 소개받았다. 1996년 8월, 나는 허동웅을 통해 국민회의 조직국장인 조만진을 알게 되였다. 그는 매우 좋은 사람이었다. 그런데 DJ를 위해 북한과의 연결사업을 하는 것을 보고는 깜짝 놀랐다. 1996년 10월에 DJ가 북경에 왔을 때 중남해라는 곳에서 북한고위층과 상호조건을 내걸고 몰래 접촉을 시도했으며, 1971년대선 때부터 북한에서 선거자금을 받았다는 얘기를 허동웅으로부터 들었다. 1997년 11월에 설립하는 아태재단은 북한의 자금을 받아 설립되었고 그후 북한도 아태평화위원회를 설립하여 양쪽의 접촉창구와 통일론의 일원화를 위한 기구로 사용해 왔다고 말했다. 허는 현재 조선족이 많이 사는 강운호텔 2층에 사무실을 차려놓고 태화경제무역회사라는 여행 및 무역회사를 운영하고 있다. 겉으론 북한과 무역하는 것으로 보이지만 실은 북한 중앙당으로부터 월급을 받고 있는 조교조직의 총책이라고 내가 만난 조선족들이 말해 주었다. 한마디로 허는 북한간첩임이 틀림 없다.

1996년 8월 11일, 김홍일 의원은 마포에 있는 서교호텔별관 2층 중국식당에서 중국전인대위원장의 아들인 만백우 씨와 그의 비서 주문, 그리고 허동웅을 초청해 만찬을 베풀어주었다. 광복절인 8월 15일, DJ는 일산에 있는 자택으로 허동웅 일행을 초청해 조찬을 같이하면서 이들을 격려하고 기념사진도 찍었다. 이 자리에서 DJ는 허동웅에게 그간의 노고를 치하히면서 '결실을 잘 맺도록 도와 달라고 당부했다'라며 허동웅은 나에게 자랑스럽게 얘기했다. 한국체류기간에 허는 내가 쓰고 있는 리츠칼튼호텔에 와서 '이번 대권 싸움에 수천억이 들어 간다. DJ는 표가 있고 JP는 돈이 있다. 이번에 북에서 DJ에게 큰 선물을 하사할 것이다'라며 은밀하게 말했다.

나는 조 국장에게서 DJ가 추진하는 북한사업에 동참해 줄 것을 요청받았고 조 국장의 소개로 1996년 8월 22일 아침 일산저택에서 DJ와 단독면담을 하기로 약속했었다. 그런데 조 국장이 전날 술이 덜 깬 채 약속장소에 늦게 나오는 바람에 DJ는 만나지 못하고 곧바로 조 국장이 운전하는 차에 앉아 평양으로 가기 위해 북경행 아시아나를 타러 김포공항에 가게 되었다. 운전 도중 조 국장은 '아주 미안하게 됐다' 라며 자기휴대폰으로 DJ에게 전화를 걸어 나와 통화하도록 전화를 바꾸어 주었다. DJ는 나에게 '조 국장으로부터 훌륭한 청년이라는 말을 들었다. 만나지 못해 유감이다. 이 일은 나를 위한 일이고 당을 위한 일이다' 라고 말했다. 8월 13일 우리 일행이 조 국장의 안내로 제주도에 갔을 때 허가 잠깐 나간 틈을 타서 책상에 놓인 수첩을 열어보게 되었다. 놀랍게도 '상황'의 '상'은 위쪽(북한)을, '황'은 김정일을 의미하는 듯한 내용을 기록해 놓았으며 '조 국장의 방북 절차 확인' '문건 통보 시 현물 교환' 등등 한문과 섞어 쓴 메모가 적혀 있었다. 그때 나는 사진을 찍어 증거물로 남기지 못한 것을 지금도 후회한다. 나는 허에 대해 의심을 가지면서 나와 단둘이 있을 기회를 자주 만들었다.

　만백우의 비서 주문으로부터 'DJ의 비밀접촉을 위해 1996년 7월 허는 만백우와 평양을 방문하여 고위인사를 만났다. 또 DJ가 1996년 10월 방중 했을 때 중국 고위관리의 집이 있는 중남해란 곳에서 북한 고위층인사와 만나 북한의 고려연방제를 지지하고 대규모 식량을 지원하는 대신 북한으로부터 거액의 자금을 받기로 했다는 말을 허동웅으로부터 들었다'고 들었다.

이제 국민들은 상기와 같은 엄청난 사실들을 똑바로 알고 선거에 임해야 하며 관계 당국은 적극적인 수사를 하는 것만이 남아 있다. 나는 관계 당국의 수사에 적극 협조할 의사를 분명히 한다.

1997년 12월 10일

윤홍준은 이런 내용이 적힌 유인물을 두 기자에게 건네주고는 황급히 자리를 떴다. 동경행 비행기를 타야 한다는 핑계였다. 그는 자신의 신분에 대한 몇 마디 질문에 대답을 했을 뿐이다.

신문에 나지 않은 기자회견

윤 씨의 폭로는 한마디로 DJ가 북한 측과 연결돼 있고, 선거자금을 받으려 했으며, 허동웅이란 조선족 북한간첩이 그 중개역할을 했다는 내용이었다.

그때 동석했던 모 일간지 기자의 말이다.

"윤 씨가 공항으로 떠난 뒤 함께 취재한 기자와 숙의를 했다. 폭로내용이 다소 황당하고 확인해야 할 부분이 적지 않아 신중하게 처리할 필요가 있다는 데 의견이 일치됐다. 이에 따라 전체 특파원들에게는 조간신문 초판 마감이 지난 뒤 윤 씨의 유인물을 배포하고 경위설명을 하기로 했다. 마감시간이 베이징시간으로 3시 전후이므로 오후에 급히 자료를 배포할 경우 제대로 확인할 겨를도 없이 특종이라며 기사화 할 수도 있었기 때문이다.

당시 특파원들 사이에는 윤 씨의 주장이 그대로 보도됐다가 나중에 허위라고 밝혀질 경우 전체 북경특파원단의 불명예이므로 신중히 처리하자는 공감대가 형성돼 있었다. 이때쯤 윤 씨 회견결과를 알고 싶어하는 각 언론사 특파원들로부터 핸드폰이 계속 걸려왔지만 일절 응답을 하지 않은 채 시간을 지체시켰다.

이날 저녁 5시경 전체 특파원단 모임이 소집돼 문제의 문건을 배포하고 회견 결과를 설명했다. 대부분의 특파원들은 신뢰성이 희박하다는 견해를 피력했다. 그러나 일단 본사에 보고를 하지 않을 수는 없으니 베이징 현지의 판단을 첨부해 신중히 처리해 줄 것을 요구하자는 데까지 합의를 이루고 헤어졌다.

당시 한국 특파원들이 윤 씨의 폭로내용을 신뢰하지 않은 것은 중남해의 비밀통로를 통해 DJ와 북측이 접촉하려 했다는 등 중국 현지의 상식과 맞지 않는 부분이 많았던 데다가 폭로를 위해 특파원들에게 접근하는 과정이 석연치 않았던

점 등 여러 문제가 노출됐기 때문이었다.

다음 날 아침 국내 조간신문을 체크해 보니 윤 씨의 폭로내용을 기사화한 곳은 한 곳도 없었다. 그만큼 국내에서도 폭로내용에 비중을 두지 않았고, 또 시기가 시기니 만큼 신중하게 대처한 결과였다. 나중에 들은 이야기로는 베이징에서 폭로문건이 보고되자 각 사에서 일제히 국민회의 출입기자 등을 통해 사실확인을 했으며, 그 과정에 만리의 아들이 공식적으로 한국을 방문한 사실 등 상당부분 해명이 됐다는 것이었다."

두 번째 기자회견 - 동경에서

12월 13일 오후 5시 일본 동경.

북경 기자회견이 무위로 돌아가자 윤 씨는 이번에는 동경에서 다시 폭로작전을 펼쳤다.

각 언론사의 동경특파원을 상대로 "DJ의 북한관련 커넥션에 관한 중대정보를 제공하겠다"라며 1대 1로 연락을 한 것이다. 그러나 동경특파원 접촉도 실패로 끝났다. 각 사별로 동경특파원과 북경특파원 사이에 정보교류가 있었고, 서울의 데스크에서도 이미 하루 전에 북경으로부터 통보받은 내용이어서 동경의 보고에 흔들리지 않았던 것이다.

또 선거일이 임박해 정치적으로 민감한 시기인 데다 당시 북경의 북한조직이 총출동해 북풍을 일으키려 한다는 소문이 퍼져 있었기 때문에 신중하게 대처하지 않을 수 없었다.

기자단의 의견을 취합한 결과 특종을 의식해 개별적으로 윤 씨와 접촉할 경우 자칫 말려들 우려가 있으므로 전체 기자단 차원에서 대응하기로 방침을 정했다. 윤 씨는 동경에서마저 불발로 끝나자 서울로 들어가 마지막으로 기자회견을 했다.

세 번째 기자회견 - 서울에서

12월 16일 오후 3시. 이번엔 윤 씨는 여러 사람들의 호위를 받으며 서울 63빌딩 3층 샤론홀에 나타났다. 이번 기자회견은 자유민주민족회의회장 이철승의 후원으로 '황장엽망명사건'에 가담했던 인물이었던 김숙향 등에 의해 이루어진 것처럼 보였지만 사실 안기부 송봉선단장이 배후조종을 하면서 한 최후 발악이었다. 윤 씨는 그날 기자회견을 한 후 바람처럼 미국으로 사라졌다.

이 같은 사실은 후에 권영해 전 안기부장의 검찰 조서에 상세하게 나온다. 심지어 안기부가 윤 씨의 기자회견문을 조작 가필했다는 사실이 공개됐다.

권영해 전 안기부장이 1998년 3월 20일, 4월 7~9일, 4월 20일 등 5차례에 걸쳐 검찰에서 조사 받은 내용 중 검찰이 권

전 안기부장을 공소한 공소사실 내용과 신문조서 내용의 일부이다.

공소 사실

피고인은 1994년 12월 24일부터 1998년 3월 4일까지 국가안전기획부 부장으로 재직하면서 국가안보 및 국내안보 수집 등의 직무를 수행하는 국가안전기획부의 업무를 총괄하고 소속 직원을 지휘 감독하는 업무에 종사하였던 자인 바

1997년 12월 18일 실시된 제15대 대통령 선거와 관련해 같은 해 11월 26일 후보자 등록을 마치고 선거운동을 시작하자

국가안전기획부 2차장 산하 해외조사실(203실) 실장 이대성(1998년 3월 28일 구속 공판), 단장 송보선(1998년 3월 28일 구속 공판), 5급 주만종(1998년 3월 23일 구속 공판), 6급 이재일(1998년 3월 23일 구속 공판) 등으로 동 이재일과 친분관계가 있는 윤홍준(1998년 3월 4일 구속 공판)으로 하여금 기자회견을 통하여 김대중 후보가 새정치국민회의 전 조직국장 조만진 및 중국조선족 허동웅과 연계된 대북접촉 의혹이 있다는 등의 허위 사실을 폭로하게 하여 김대중 후보를 당선되지 못하게 할 목적으로

1997년 12월 7일 08:00경 서울 서초구 내곡동 소재 국가안전 기획부장 공관에서 동 이대성에게 북경, 동경, 서울에서 동 윤홍준으로 하여금 기자회견을 할 것을 지시하면서 경비

명목으로 미화 5만 불을 교부하고

  동 이대성은 같은 달 7일 09:50분경 동인의 사무실에서 동 송봉선, 동 김은상, 동 이재일에게 윤홍준 기자회견을 추진하기 위한 세부계획을 수립 시행하도록 지시하면서 피고인으로부터 받은 경비 5만 불 중 2만 불을 동 김은상, 동 이재일에게 지급하여, 그중 1만 9천 불이 윤홍준에게 전달되게 하고 같은 달 기자회견 대가 20만 불을 같은 달 25일경 송봉선, 동 이재일 등을 통하여 동 윤홍준에게 전달하게 하는 등. 동 이대성, 동 송봉선, 동 김은상, 동 이재일, 동 윤홍준과 공모하여

  1. 사실은 새정치국민회의 후보가 1971년 대통령선거 때부터 15대 대통령선서 때까지 북한으로부터 선거자금을 수령한 사실이 없고 김대중 후보가 이사장으로 재직한 바 있는 아태평화재단이 북한 측 자금으로 설립되었거나 새정치국민회의 조직국장 조만진 및 중국조선족 허동웅을 통하여 대북 접촉을 한 사실 등이 없음에도

  1997년 12월 7일 10:100경부터 같은 날 14:00까지 서울 서초구 내곡동 소재 국가안전기획부 사무실에서 동 이대성의 지시에 따라 동 이재일이 기자회견문 초안을 준비함에 있어

- 윤홍준이 직접 체험한 것처럼
(1) 1996년 8월 22일 아침 나는 디제이(김대중 후보의 영문 약칭DJ. 이하 기자회견문 대로 DJ로 표시한다)의 일산

저택에서 단독 면담한 후 곧바로 출국하여 북한을 방문할 예정이었는데 당일 아침 조 국장이 내가 묵고 있는 호텔에 늦게 오는 바람에 DJ를 만나지 못하였고 곧바로 조 국장이 운전하는 차를 타고 공항으로 가던 중 조 국장이 휴대폰으로 DJ에게 전화를 걸어 나를 바꿔 주었다. DJ는 나와 통화 시 '조국장으로부터 훌륭한 청년이라는 말을 많이 들었다. 만나지 못해 유감이다. 이번에 북에 가면 진영걸 사회과학원 부원장에게 꼭 안부를 전해 달라'라고 하였다.

(2) 1996년 9월 16일 중국 북경 소재 경락원 가라오케이에서 조만진, 허동웅, 송용옥, 김성규와 함께 술을 마시면서 조 국장은 연변 조선족 가수에게 〈김일성장군의 노래〉와 〈고향의 봄〉을 청하였다. 이 일은 나를 분개하게 하였고 이들의 정체를 직감하게 하였다.

(3) 1997년 1월 20일 인천의 한 식당에서 국민회의 조만진 국장은 허동웅에게 '올해 3월까지 일을 끝내야 한다. 벌써 대선활동이 시작되었으니 자금도 돌아야 한다. 이번에 방북하면 일을 잘 처리해서 자금을 잘 받아오라'라고 했고

- 윤홍준이 허동웅으로부터 전문한 것처럼
(4) 허동웅은 'DJ의 초청으로 1996년 8월 10일 중국인 만

백우(중국의 인민대 위원장이었던 만리의 아들), 그의 비서 주문과 함께 서울에 왔는데 당시 암에 좋다는 진짜 상황버섯과 평양에서 받은 회신을 DJ에게 전달하였다' 라고 하였다.

(5) 허동웅은 위 방한 시 내가 운전하는 레트카를 이용하여 국내를 관광했는데 그 차안에서 'DJ아들인 김홍일 의원이 연태대학에서 명예박사학위를 받기 위하여 1996년 8월 5일부터 10일간 중국을 방문했을 때 북한에서 보낸 인사와 밀입북했던 무슨 연구소 소속의 DJ측 인물 2명을 천진에서 만나고 8월 10일 귀국했다' 라고 하였다.

(6) DJ는 광복절인 1996년 8월 15일 일산 자택으로 허동웅, 만백우, 주문 일행을 초청하여 조찬을 하면서 이들을 격려하고 기념사진도 찍었다. 이 자리에는 DJ의 북한비밀 접촉에 핵심적이 역할을 수행한 조만진 국장도 참석했다. 이날 조찬에서 DJ는 허동웅에게 노고를 치하하고 '이 일은 나를 위한 일이고 당을 위한 일이니 결실을 잘 맺도록 해 달라' 라고 당부했는데 허동웅은 내게 자랑스럽게 얘기했다.

(7) 허동웅은 1997년 1월 24일 서울 소재 리츠칼튼호텔에서 김정일 장군이 가지고 있는 자금 중 일부를 금년 대선을 위해 DJ에게 제공할 것이라는 얘기와 이 일은 매번 선거 때마다 있던 일이라 하여 매우 충격이 컸다.

(8) 허동웅은 1997년 6월 26일 북경의 자기 사무실에서 북한의 큰 선물 또는 김정일의 비자금 제공에 대하여 조선반도를 통일하려면 하나의 통일론이 있어야 한다고 하였다.
(9) 허동웅은 1997년 7월 19일 자기 사무실에서 'DJ측과 북한과의 비밀 접촉은 극비리에 이루어져 국민회의 내에서도 김홍일 의원과 조만진 국장 외에는 알고 있는 사람이 극히 제한되어 있다'라면서 '조만진 국장이 이 일을 위해 네 차례나 밀입북하여 북한의 강 부부장과 부총리급 인사 등을 만나 밀사노릇을 하였다. 이일은 내가 2년 동안 추진해서 이제서야 거의 결실을 보게 되였다'라고 말했다.'
(10) 허동웅은 'DJ가 집권하게 되면 자신은 인력송출 사업권을 받아서 북한인들을 중국교포로 위장시켜 한국으로 송출할 계획이다'라고 하였다.

라는 등으로 초안을 작성하고

1997년 12월 7일 15:00경부터 같은 달 8일 11:00경까지 서울 서초구 내곡동 소재 국가안전기획부 사무실에서 동 이대성, 동 송봉선, 동 김은상, 동 이재일이 작성한 기자회견문 초안을 검토한 후

- 동 이재일의 위 초안에 없는 내용
(1) 허동웅은 1997년 11월 자기 사무실에서 '아태재단은 북

한의 자금을 받아 설립하였고 그 후 북한도 아태평화위원회를 만들로 양쪽의 접촉창구와 통일론의 일관화를 위한 기구로 사용하여 왔다' 아태평화 재단 사무총장 임동원(전 통일원 장관)은 1995년 10월쯤 북경을 방문하여 장성호텔에서 북한 아태평화위 고급간부를 접촉하였으며 그전에도 양쪽 아태들이 북경에서 수시로 만났다' 라고 하였다는 내용을 추가하고 이재일이 작성한 초안 중,

(2) 초안 (6)항의 '허동웅에게 노고를 치하하고' 라는 부분을 '허동웅에게 그간 비밀사업에 대한 노고를 치하하였고' 로,

(3) 초안 (7)항의 '매번 선거 때마다' 라는 부분을 ''71년 대선 때부터 매번 선거 때마다' 로,

(4) 초안 (8)항의 '김정일의 비자금 제공에 대하여 조선반도를 통일하려면 하나의 통일론이 있어야 한다고 하였다' 라는 부분을 '김정일의 비자금제공에 대한 DJ측의 보답에 대하여 조선반도를 통일하려면 하나의 통일론이 있어야 한다고 하였다며 DJ가 고려연방제를 지지해 주는 것이였음을 밝혔다' 로,

(5) 초안 (10)항 중 '송출계획이다' 라는 부분을 '송출할 계획이라고 했으며 그동안에도 전직 중소기협중앙회 회장이었던 박상규(지금 국민회의 부총재)와 현 회장인 박상희의 도움을 받아 상당수 북한인을 한국 국적으로 속여

서울로 보냈다'로 수정 가필하여 초안을 완성하고,

1. 같은 달 10월 18:30경부터 22:00경까지 중국 북경 신만수호텔 707실에서 동 이재일과 동 윤홍준은 위 초안을 기초로 노트북 컴퓨터를 사용하여 기자회견문을 작성하고, 같은 달 11월 11:00경 중국 북경소재 홀리데인호텔에서 동 윤홍준은 서울방송 기자 공소 외 장동훈 등 북경 주재 국내언론 기자 4명이 참석한 가운데 기자회견을 개최하여 위와 같이 허위 내용으로 작성된 기자회견문을 발표하고,
2. 같은 달 12일 17:00경 일본국 동경소재 데이고쿠호텔 로얄라운지에서 동 윤홍준은 동경주재 국내 언론 기자 10명이 참석한 가운데 기자회견을 개최하여 위와 같은 내용으로 작성된 기자회견문을 발표하고 기자회견문 및 사진 수 매를 기자들에게 배포하고
3. 같은 달 16일 15:00경 서울 영등포구 여의도동 소재 63빌딩 3층 샤론홀에서 동 윤홍준은 대한민국 건국회장 공소 외 손진 및 신문기자 등 20여 명이 참석한 가운데 기자회견을 개최하여 북성 및 동경 기자회견문과 같은 내용으로 작성된 진술서 및 진정서 제하의 기자회견문건 요지를 발표하고 위 3종의 문건 및 사진 9매의 컬러복사본을 기자들에게 배포함으로써

새정치국민회의 소속 김대중 대통령후보에게 불리하도

록 김대중 후보에 관하여 허위사실을 공표하게 하고 허위의 사실을 적시하여 김대중 후보의 명예를 훼손하고 국가안전기획부 직위를 이용하여 김대중 대통령 후보를 반대하는 여론을 조성할 목적으로 동인을 비방하는 내용의 의견 또는 사실을 유포하고 김대중 후보를 당선되지 못하게 하기 위한 선거운동을 하는 등 정치활동에 관여하는 행위를 한 것이다.

위 등본입니다
1998년 4월 22일
서울지방검찰청남부지원
검찰주사(보) 안대환

- 피의자 신문조서

검찰은 권영해 전 안기부장의 학력, 경력, 재산 및 생활 등등 일반적인 신상에 대해 신문한 후

검사 : 피의자는 이대성, 송봉선, 김은상, 주만종, 이재일, 윤홍준을 알고 있는가요?
권 : 이대성은 안기부 203실 실장, 송봉선은 203실 단장, 김은상은 203실 처장, 주만종은 203실 팀장, 이재일은 팀원으로 6급, 윤홍준은 이재일과 업무협조관계에

있는 무역업자로서 본 기자회견 전에는 이대성 실장만 알고 있었고, 나머지 직원에 대해서는 거의 접촉할 기회가 없어 직급 및 이름을 전혀 모르고 있었으며, 윤홍준은 보고서 상으로 재미교포 협조자로만 알고 있었는데 이번 사건으로 이름을 알게 되었고 그가 협조해준 저의 직원이 이재일이었다는 사실도 이번 사건 발생 후 알게 되었습니다.

검사 : 피의자는 윤홍준이 1997년 12월11일 11시경 중국 북경 홀리데인호텔, 12월 12일 오후 5시경 일본 도꾜 임페리얼호텔, 12월 16일 오후 3시경 서울 여의도 63빌딩에서 김대중 후보와 관련된 기자회견 내용을 한 사실을 알고 있는가요?

권 : 네.

검사 : 위 세 차례의 기자회견이 국가안전기획부 203실 실장인 이대성, 단장인 송봉선, 차장인 김은상, 팀장인 주만종 그리고 팀원인 이재일의 순차 또는 직접적인 지시에 의하여 이루어진 것이 사실인가요?

권 : 부장인 제가 이대성 실장에게 직접 지시하여 이루어진 것입니다.

검사 : 이대성 실장에게 윤홍준 건을 기자회견 하도록 지시한 일시 및 장소와 지시내용을 간략하게 진술하시요.

권 : 12월 7일 오전 8시에서 9시 사이로 기억됩니다. 이 대성 실장을 서울 서초구 내곡동 소재 안기부 청사 안에 있는 저의 공관에 불러 아침 식사를 한 후 응접실에서 그와 같은 지시를 하였습니다. 지시내용은 '윤홍준이 11월 말 북경에서의 내사활동이 실패함으로써 이 상황사업을 종결할 수 없지 않으냐'는 논의를 하면서 '윤홍준이 안기부를 믿지 못하겠으니 다른 방법으로 국민들에게 알리는 방법을 택해야겠다'는 이대성 실장의 보고 (이 보고는 1997년 12월 4일에 있었다)를 기억하고 그 말을 하고 '윤홍준이 아직도 그 같은 신념과 자기가 알고 있는 제반 사항에 대하여 자신이 있다는 것을 재확인 한 후에 본인이 그러한 뜻이 있다면 국민들에게 알리는 방법을 강구하라'는 내용이었습니다.

기자회견 장소 등 구체적인 방법은 그 자리에서 결정하지 않았습니다. 그날 오후 이대성 실장이 보고를 하면서 기자회견 방법이 적당하고 회견장소로는 중국에서 하는 것이 좋겠다고 하여 이 실장과 제가 논의하여 중국에서 기자회견을 하도록 결정하였습니다.

검사 : 이대성의 진술에 의하면 피의자가 '윤홍준이 입수

한 내용을 말하는 것이니 듣는 사람 나름대로 거기에 대한 평가를 하지 않겠느냐. 국내에서 기자들을 모아놓고 그런 얘기를 해봐라'라고 하였고, 이에 이 실장이 '국내에서 그런 얘기를 하면 문제가 생길 수 있으나 해외에서라면 크게 문제없이 될 수 있을지 모르겠습니다'라고 하자 '윤홍준이 붙잡히면 우리가 신변을 인수하여 조사하면 될 것이 아니냐'라고 했답니다. 이 실장이 '국내에서는 말썽의 소지가 있다'라고 하자 피의자가 '윤홍준이 현재 미국에 있으니 미국에서 기자들에게 그런 얘기를 하고 북경에서 한번 더하는 방안도 있겠다' 하였다는데 기억이 나는가요?

권 : 이 실장과 논의하는 과정에서 미국과 국내 얘기도 나오고 중국얘기도 나왔던 것은 사실인데, 제가 이 실장에게 그런 얘기를 하였는지는 기억이 나지 않습니다.

검사 : 윤홍준이 자신이 들은 것으로 하면서 기자회견을 할 경우 아무런 문제가 없다는 착상은 피의자 혼자서 생각한 것인가요, 아니면 법률전문가 등으로부터 조언은 받은 것인가요?

권 : 나 혼자 생각한 것이지 조언을 받은 것은 아닙니다.

검사 : 이대성 실장이 윤홍준 건과 관련된 자료를 보고하면서 '허동웅에 대해서는 북한공작원이라는 증거

를 확보하지 못했고 당분간 정보수집이 어려울 것 같다'는 보고를 했다고 하는데 사실인가요?

권 : 그날 이 실장이 그런 말을 했는지는 정확히 기억나지 않으나 허동웅과 관련 추가적인 증거확보가 어렵다는 점은 그전부터 보고 받아서 알고 있었습니다.

검사 : 윤홍준 건과 관련한 공작사업의 명칭이 '상황사업' 또는 '고인돌 사업'이라고 하는 것이 맞는가요?

권 : 네. 그리고 '이스턴 사업'이라고도 했습니다.

검사 : 상황사업의 진행경과를 알고 있는가요?

권 : 네. 상황사업에 대해서는 1997년 2월경 203실에서 대공수사국에 자료를 이첩했으나 뚜렷한 혐의를 잡지 못했고 오히려 그 과정에서 보안사고가 발생해 조만진 등 국민회의 측에 수사 첩보가 새나가 윤홍준이 허동웅, 조만진으로부터 따돌림을 받고 있다는 보고를 받은 바 있습니다.

1997년 8월 '허동웅 간첩 만들기' 지시

검사 : 갑자기 1997년 8월경 허동웅이 간첩이라는 것과 국민회의인사의 북한 측 접촉관련 자료를 찾으라는 지시가 203실을 통해 김은상 처장 등에게 하명되

없는데 그 이유와 경위는 무엇인가요?

권 : 1997년 7월경으로 기억되는데 허동웅과 관련해 특수첩보(통신첩보)가 접수됐습니다. 조만진이 허동웅에게 '8월에 오기 전에 북한에 들어가 상황버섯을 가져오라'고 지시하는 내용이 확인돼 김은상 처장 등을 북경에 급파해서 증거를 수집하라고 했던 것입니다.

검사 : 김은상 처장은 3급으로 직급이 높은데 그를 파견한 이유라도 잇습니까?

권 : 제가 누구를 보내라고 지시한 것은 없습니다. 이 실장이 자기 책임하에 한 일이기 때문에 저로서는 왜 김은상 처장을 보냈는지 관여할 일이 못됩니다.

검사 : 이재일 과장이 수차에 걸쳐 북경을 오가며 증거를 찾자고 했으나 실패하였고, 김은상 처장이 직접 1997년 10월 18일 북경에 가서 2주 동안 증거를 확보하고자 했으나 실패하였으며, 1997년 11월 13일 주만종 팀장이 북경으로 건너가 11월 27일까지 증거확보에 노력했음에도 불구하고 그 같은 노력이 모두 실패한 것은 사실이지요?

권 : 언제 누가 북경에 갔는지는 모르나 그 같은 증거확보 시도가 실패하였다는 보고를 받은 것은 사실입니다.

검사 : 위와 같이 허동웅이 간첩이라는 사실을 입증할 아무런 증거가 확보되지 않은 상태에서 윤홍준으로

하여금 기자회견을 하도록 이대성 실장에게 공작을 지시한 이유가 무엇인가요?

권 : 허동웅이 간첩이라는 물증을 확보하는 데 실패했으나 다른 루트를 통해 허동웅이 북한간첩이라는 첩보가 있었습니다.

검사 : 기자회견 추진과정에 대하여 즉 '아말렉공작' 시행 내용에 대하여 이 실장으로부터 보고를 받았는가요?

권 : 수시로 진행되는 상황을 보고 받았습니다.

검사 : 북경 기자회견 결과는 어떻다고 보고하던가요?

권 : 특파원들은 본사로 송고하였지만 본사에서 기자회견 내용의 진위를 확인할 수 없는 데다가 선거가 임박하여 보도하지 않았다는 내용이었습니다.

검사 : 북경 기자회견이 실패하였다는 보고를 받고, 추가로 동경에서 기자회견 하도록 지시한 것인가요?

권 : 당초 일본에서도 기자회견을 하도록 계획되어 있었습니다.

검사 : 일본에서의 기자회견 결과는 어떻다고 보고받았는가요?

권 : 중국처럼 보도가 되지 않았다는 보고를 받았습니다.

검사 : 윤홍준은 김대중 당시 국민회의 총재와 1996년 8월 22일 전화통화를 하면서 김 총재가 '북에 가면 진영걸 사회과학원 부원장을 만날 것이다. 그를 만

나면 안부를 전해달라'고 한 통화내용 부분 등은 허위라고 자백하였고, 이재일 과장도 기자회견문을 작성하는 과정에서 상급자들이 자신이 만든 초안에 수정 가필하여 허위부분을 조작하였다고 자백을 하고 있는데 그 부분에 대하여 어떻게 생각하고 있는가요?

권 : 윤홍준이 김대중 총재와 통화했다는 부분은 윤홍준의 첩보보고에 기재되어 있는 내용입니다. 이재일 과장이 만든 기자회견문 초안은 저에게 결재받은 사실이 없습니다.

검사 : 당시 그 전화를 연결했다는 조만진과는 8월 6일 처음 만난 사이인데 그로부터 불과 보름이 채 지나지 않은 8월 22일 윤홍준에게 김대중 총재와 전화하도록 해 주었다는 것은 정상적인 상식을 갖고있는 사람이라면 누구나 거짓말이라고 의심하지 않을까요?

권 : 저에게 오는 보고는 상당히 신빙성이 있는 내용만 보고되기 때문에 그 내용도 당연히 사실이라고 믿었습니다.

검사 : 피의자는 김대중 총재가 전혀 만나지도 않은 윤홍준에게 선거 때마다 문제가 되어 약점일 수 있는 민감한 부분인 '대북 관련 부분'을 이야기할 수 있을 것이라고 믿었는가요?

권 : 윤홍준이 그렇게 보고하였고, 그 첩보가 사실이 아니라는 확실한 증명이 없기 때문에 첩보로서 가치가 있다고 믿었습니다.

검사 : 안기부가 첩보로 관리하고 있는 수준이라면 피의자의 위와 같은 진술을 납득할 수 있다 하겠습니다마는 일반 국민들에게 공표된다면 확실한 증거를 갖추거나 최소한 누가 보더라도 믿기 어려운 부분은 당연히 제외 되어야 하는 것이 아닌가요?

누구나 알고 있듯이 김대중 당시 국민회의총재는 선거 때마다 전력시비로 상대후보 측의 공격을 받아온 것이 명백한데 보지도 못하고 아무런 관련도 없는 사람에게 '북한인사를 알고 있는데 그에게 안부를 전해달라' 는 식으로 자신을 위기 상황에 몰고 갈 수 있는 위험한 말을 할 수 있다고 믿었는가요?

권 : 저에게 오는 보고서는 상당히 신빙성이 있는 내용만 보고되어 오기 때문에 그 내용도 당연한 사실이라고 믿었습니다.

검사 : 안기부장에게 보고되는 것은 어떤 내용이든 모두 사실이란 말인가요?

권 : 적어도 부하직원들의 보고는 사실이라고 믿고 있습니다.

검사 : 윤홍준이 이재일 과장에게 허위로 보고하였다고는

생각하지 않았는가요?

권 : 윤홍준을 만나지 않았지만 윤홍준을 만나는 저의 직원이 나름대로 윤홍준의 보고가 진실한 것이라고 판단하여 저에게 보고한 것이기 때문에 허위라고는 생각하지 못했습니다.

검사 : 기자회견문 중에 허동웅으로부터 들었다면서 '허동웅은 DJ초청으로 1996년 8월 10일 중국의 인민대표위원장 만리 아들인 만백우와 그의 비서 주문과 함께 서울에 왔는데 당시 암에 좋다는 진짜 상황버섯과 평양에서 받은 회신을 DJ에게 전달하였다고 하였다. DJ는 광복절인 1996년 8월 15일 일산저택으로 허동웅일행을 초청하여 조찬을 하면서 이들을 격려하고 기념사진도 찍었다. 이 자리에서 DJ의 북한비밀접촉에 핵심적인 역할을 한 조만진 국장도 참석했다. 이날 조찬에서 DJ는 허동웅에게 그간의 비밀 사업에 대하여 노고를 치하하고 이 일은 나를 위한 일이고 당을 위한 일이니 결실을 잘 맺도록 해달라고 당부했는데' 피의자가 위 부분도 보고를 받은 내용이며 보고받은 내용 그대로 되어 있는가요?

권 : 그렇습니다.

검사 : 위 기자회견문과 관련하여 (안기부직원) 이재일은

기자회견문 초안에서 'DJ가 허동웅에게 그간의 노고를 치하하였다'라고 작성하였는데 김은상, 송봉선, 이대성이 결재를 하는 과정에서 '비밀사업'에 대하여 노고를 치하하였다는 식으로 '비밀사업'이라는 부분을 추가함으로써 마치 DJ가 허동웅을 통하여 비밀사업을 추진하여 왔던 것처럼 허위조작하였다고 자백하고 있습니다. 피의자가 이 실장으로부터 보고받을 당시에도 '비밀사업'이라고 되어 있던가요?

권 : 정확히 기억할 수 없습니다.

변명으로 일관한 권영해 진술

검사 : 기자회견문 중에 '김정일 장군이 가지고 있는 비자금의 일부를 대선을 위해 DJ에게 제공할 것이라는 얘기와 이 일은 1971년도 대선 때부터 시작해 선거 때마다 있었던 일이다'라는 부분이 있습니다. 위 부분은 DJ가 1971년부터 선거 때마다 선거자금을 받아왔고 1997년 대선과 관련해서도 김정일 장군으로부터 대선자금을 받을 것이라는 것으로써 DJ가 북한과 연계되어 있다는 의혹을 제기하여 타격

을 가하려고 하는 의도가 명백한 것이 아닌가요?

권 : 그 부분은 윤홍준이 자기가 득문한 내용을 밝히는 것이고, 이미 김병식의 편지에도 그런 내용이 나와 있었습니다.

검사 : 기자회견문 중에 '북한의 큰 선물 또는 김정일 비자금 제공에 대한 DJ측의 보답으로 조선반도를 통일하려면 하나의 통일론이 있어야 한다며 DJ가 고려 연방제를 지지해주는 것이였음을 밝혔다', '아태재단은 북한의 자금을 받아 설립하였고 그 후 북한도 아태평화위원회를 만들어 통일론의 일관화를 위한 기구로 사용하여 왔다' 는 부분도 윤홍준의 첩보보고 내용인가요?

권 : 그렇습니다.

검사 : 이재일, 윤홍준 등의 진술에 의하면 윤홍준이 그와 같은 첩보를 보고한 적이 없고 김은상, 송봉선, 이대성 등이 결재하는 과정에서 이재일이 만든 초안에 임의로 삽입한 허위부분이라고 하는데요?

권 : 그 내용은 알 수 없습니다. 아태재단과 관련해서는 다른 라인을 통하여 듣고 있던 부분이 많이 있었습니다.

검사 : 위 기자회견문은 '윤홍준이 허동웅으로부터 들었다' 라는 전제하에 마치 사실로 확인된 것처럼 발표한 것인데 윤홍준이 수집했다는 첩보들 역시 진위

여부의 확인이 되지 않은 것들로서 허위 사실일수
도 있는 것이 아닐까요?

권 : 윤홍준과 관련된 보고내용은 신빙성이 있다고 믿었습
니다.

검사 : 윤홍준이 보고한 대로 허동웅이 북한간첩이라는 의
심이 있다면 그 시간이 얼마나 소요되든 안기부 대
공수사팀에서 수사를 통해 밝혀야 할 문제이지 기
자회견을 통해 발표할 문제는 아니지 않는가요?

권 : 기자회견문은 수사기관의 수사를 촉구하는 내용입니다.

검사 : 대공수사 기관에서 더군다나 자신들이 수사에 실패
한 상태에서 대공수사기관의 책임자가 민간인 협조
자로 하여금 기자회견을 통하여 대공혐의점이 있으
니 대공수사기관에서 수사를 해 달라고 지시하는
것이 과연 타당하다고 납득할 수 있는 것인가요?

권 : 정치권에 대한 경고 수단으로는 그것뿐이 없다고 생
각하였습니다.

검사 : 피의자나 203실 실장인 이대성 등이 기자회견 전
에 이미 윤홍준의 첩보내용에 대하여 증거확보에
실패하였음에도 불구하고 윤홍준으로 하여금 기자
회견하게 한 것은 피해자에게도 문제가 있는 것이
아닌가요?

권 : 증거확보에 전부 실패한 것이 아닙니다.

검사 : 증거를 확보한 부분은 무엇인가요?

권 : 그 부분은 밝힐 수 없습니다.

검사 : 허위 사실 가능성이 있고 확인되지 아니한 첩보정도의 내용을 기자회견 형식을 빌려서 선거 직전에 공표하는 것은 첫째로 허위일지 모른다는 인식도 있었고, 아울러 선거에 영향을 미칠 의도가 있었던 것은 아닌가요?

권 : 기자회견 내용중 일부가 허위일 가능성이 있다는 생각을 했으나 선거에 영향을 미칠 의도가 있었던 것은 아니고 앞서 진술한 대로 정치권에 대한 경고의 의미로 기자회견을 시킨 것입니다.

검사 : 정치권에 대한 경고가 목적이었다면 왜 하필 국민회의를 대상으로 하였는가요? 경고하려면 모든 정당에 공평하게 형평에 맞도록 하여야 하는 것이 아닌가요? 안기부장의 입장에서 담화 또는 공보관을 통하여 밝히고 선거와 관련하여 정치권이 자중하도록 함으로써 가능한 것이지. 이와는 아무런 관련이 없는 허동용, 조만진과 관련된 내용을 윤홍준으로 하여금 기자회견을 통하여 폭로하도록 하는 것은 정당한 방법이 아니지 않아요?

권 : 국민회의가 연계가 가장 많기 때문에 국민회의를 택했고 국민회의에서 가장 심한 공격을 해 왔기 때문에

국민회의를 선택한 것입니다.

검사 : 결국은 국민회의를 공격하겠다는 것이었네요?

권 : 다른 정당에도 함께 경고가 될 것으로 생각하였습니다.

검사 : 다른 정당에서는 경고로 받아들이는 것이 아니라 오히려 국민회의를 비방하는 자료로 사용하리라 생각하지 않았는가요?

권 : 한나라당은 이미 국민회의 측으로부터 정재문 의원과 관련해서 대북연계 의혹이 있다는 공격을 받았습니다. 정재문 의원에 대해서 안기부에서 조사를 받았기 때문에 한나라당에는 이미 경고가 됐다고 판단했습니다.

검사 : 국민회의도 조만진 국장을 조사하는 방법으로 경고하면 안 되었는가요?

권 : 조만진 국장을 부르는 즉시 야당을 음해한다고 공격을 해 올 것이 분명했기 때문에 불러서 조사하는 것은 타당하지 않다고 생각했습니다.

검사 : 결국 특정 정당과 동 정당에 소속된 대통령후보에 대북연계 의혹을 주장하는 기자회견을 하도록 한 행위가 정치에 관여 못하도록 한 국가안전기획부법에 위반된다고는 생각하지 않는가요?

권 : 특정 정당이 대북접촉 의혹이 있다고 경고하는 것은 저의 직무수행의 연장이라고 생각했습니다.

검사 : 윤홍준이 제보한 내용들은 안기부에서 직무상 취득한 비밀인데 그것을 기자회견 형식으로 공표하여 일반에 공개하는 것은 국가안전기획부직원법상 기밀 누설죄에 해당된다고 보는데 어떻게 생각하는가요? 첩보내용들이 안기부가 수사를 하여야 할 가치 있는 첩보였다면 그 수사가 가능할 시점까지 보류하여 두었다가 계속 수사를 하여야지 이를 외부에 발표한 것은 안기부직원법상에 규정되어 있는 기밀 누설 행위가 아닌가요?

권 : 윤홍준이 제보한 내용들을 스스로 밝힌 것이기 때문에 기밀누설이라고 생각하지 않습니다. 저는 이미 그 내용들이 관계자들에게 알려진 상태였기 때문에 기밀 누설죄가 된다고 생각하지 않았습니다.

검사 : 선거직전인 12월 11일 북경에서, 12월 12일 동경에서, 12월 16일 서울에서 당시 새정치국민회의 대통령후보인 김대중이 북한으로부터 71년부터 대선 자금을 받았다거나 허동웅, 조만진 등을 통해 북한과 밀서를 교환했다는 등을 줄거리로 하는 기자회견을 한 것은 선거에서 특정후보를 당선되지 못하게 할 목적으로 한 일이 아닌가요?

권 : 적어도 정치적인 목적은 없었고 정치권에 대한 경고를 한 것입니다.

검사 : 이상 사실 대로 진술했는가요?
권 : 네. 사실 대로 진술했습니다.

〈표〉'북풍조작' 일지

1997. 8. 15	오익제 월북발표
10. 27	남파 부부간첩 최정남 강연정 체포
10. 31	강연정 음독자살
11. 1	고영복 서울대 사회학과 명예교수 피체
11월 초	국민회의 안기부에 '고영복 리스트' 악용 경고
11. 20	고성진 안기부 대공수사실장 부부간첩 사건전모 발표
11. 22	김병식 북한 조선사회민주당 위원장이 보낸 '괴편지', 김원길 국민회의 정책위원장 집으로 배달
11. 24	국민회의, 김병식 편지를 공작으로 규정하고 안기부에 신고
11월 말	국민회의, 오익제 편지왔다는 첩보 입수
12. 2	안기부, 국민회의에 오익제 편지 전달
12. 2	안기부, 서울 목동 국제우체국의 오익제 편지 압수수색 실시. 조세형 국민회의 총재 권한대행, 긴급회견 통해 '조작극'으로 규정.
12. 6	안기부 고성진 실장, 서울지검 기자실서 오익제 편지 전문 공개
12. 11, 12. 12, 12. 16	윤홍준, 중국 북경, 일본 도쿄, 서울에서 "김대중 후보가 북한의 김정일로부터 자금을 받았다"는 내용의 기자회견
12. 12	오익제 평양방송 연설
12. 13	재미교포 김영훈 목사, 임춘원 전 의원 등 일본 도쿄에서 김병식이 김대중 후보에 보내는 편지를 받았다며 공개. 오익제 '방송 2차 연설'. 국민회의, 정재문 한나라당의원과 안병수 북한 조국평화통일위원회 부위원장의 북경 접촉 폭로
12. 14	국민회의 북한군 2~3개 소대 휴전선 투입 첩보 입수
12. 15	조세형 대행, 대북한 특별경고 성명 발표
12. 16	국민회의, 정재문-안병수의 팩스 서신 공개

"허동웅 사무실을 털어 오라"

윤 씨의 '보고'를 철석같이 믿어온 안기부는 나를 '북한 간첩'인 양 미리 점을 찍어놓고 근 2년 동안이나 뒷조사를 벌이며 별의별 애를 써봤으나 아무런 증거도 잡지 못하자 안달복달한다.

대선이 임박해 옴에 따라 더 급급해났던 안기부는 이재일 과장과 주만종 팀장을 수차 북경에 파견해 상주시키면서 내가 북한 간첩이라는 증거를 찾아내려 애를 바득바득 썼지만 실패를 거듭하게 되자 나중에는 직급도 상당한 김은상 처장까지 북경에 급파하여 혈안이 되어 분주하게 설쳐댔다.

그도 그럴 것이 내가 간첩이라면 그 무슨 '공작행위'나 확실한 증거가 있어야 자기들의 '간첩 꾀 맞추기' 희망사항이 설득력을 가지게 되니 말이다.

그래서 안기부는 최후의 카드를 꺼내놓았다. 나의 사무실을 털어 오라는 것이었다.

내 사무실을 들락날락했던 윤 씨가 안기부에 내 사무실 금고 안에 북한으로부터 받은 지령이 있다고 보고를 했기 때문이었다. 권녕해가 검찰조서를 받으면서 털어놓은 내용이다.

검사 : 이재일 과장 등이 11월 27일까지 증거확보에 노력

하였음에도 불구하고 그와 같은 노력이 실패한 것은 사실이지요?

권 : 언제 누가 북경에 갔는지는 모르나 그와 같은 증거확보가 실패하였다는 보고를 받은 것은 사실입니다. 윤홍준의 보고에 의하면 허동웅의 사무실금고에 북한으로부터 지령을 받은 내용들이 들어있는 것 같다는 그 금고에 들어있는 북한지령문서들을 입수하려고 노력했는데, 24시간 감시하고 있는 데다가 캐비넷이 체인으로 연결돼 있고 비상벨도 설치돼 있는 등 접근이 어려워 실패하였다는 보고를 받은 적이 있습니다.

검사 : 피의자가 3월 20일 진술한 바에 의하면 허동웅의 사무실에 있는 캐비넷을 들고 나오려고 시도했다가 실패했다고 했는데 캐비넷을 들고 나오는 것 자체가 허동웅으로 하여금 감시를 받고 있다는 인식을 심어주어 도피를 하거나 더욱더 증거를 인멸할 가능성이 농후하며 결국 최후의 첩보수집 방법이었을 텐데 그와 같이 최후의 방법을 써가면서까지 증거확보를 했던 이유는 무엇인가요?

권 : 제가 3월 20일 조사를 받을 당시 그때 파견되었던 우리 요원들이 캐비넷을 들고 나오려고까지 하였는데 쇠사슬로 묶여있었다는 보고를 받았다는 취지로 진술하였던 것은 사실이나 그들이 그 안의 내용물을 꺼내

는 과정에서 전혀 문도 열 수 없고 하여 이를 들고 나오는 방법까지 시도하였던 것이지 제가 그들에게 그렇게 하라고 지시를 했던 것은 아니며 그 상황에서 요원들이 스스로 판단하여 내린 결정이기 때문에 왜 그랬는지 저도 잘 모릅니다.

 나중에 들은 얘기지만 안기부는 그때 윤씨의 보고를 철석같이 믿고 북경의 어느 도적집단들에게 거액을 주고 매수하여 나의 금고를 털어 갈 작전을 시도했었다고 한다. 한마디로 소도 웃다가도 꾸러미가 터질 일이다.
 어느 미치고 환장한 놈이 권녕해의 표현 대로라면 그렇게 중요한 문서가 들어있다는 금고를 사람들이 훤히 보는 사무용책상 옆에다 번듯이 놓아두겠는가! 그것도 '쇠사슬로 꽁꽁 묶어'서 말이다.
 할말이 막히니 아무렇게나 둘러대는 허황한 얘기가 아닐 수 없다. 정말로 엉터리 같은 당치도 않은 얘기다.

4. 김대중 대통령과의 만남

조만진 국장과의 만남

내가 DJ와 만날 수 있었던 것은 전적으로 조만진 국장을 알게 되면서부터였다. 내가 흑룡강신문사에서 체육기자 생활을 그만두고 북경에 진출한 것은 1989년 말이었다. 그때 나는 북경에서 여행사사업을 하다가 무역회사도 차리고 남북한 무역업에 전념하면서 남북을 자주 오갔다. 그때까지만 해도 한국인들에게는 우리 같은 조선족들이 남북 모두를 자유자제로 넘나들 수 있다는 것이 아주 이상하게 비쳐졌을지도 모른다.

▲ 1996년 6월 14일 여의도 새정치국민회의 총재 집무실에서 김대중 총재를 만나 악수하고 있다.

그도 그럴 것이 50여 년간 남북한의 차가운 냉전체제 속에서 살아온 그들이 반도의 좁은 의식에서 바라볼 때는 충분히 사시적(斜視的)인 시각을 가지고 있을 수도 있었다. 냉전의 전형적인 산물인 국가보안법의 엄격한 제한성 때문에 남한사람들은 정부의 허락이 없이 북한사람들을 마음대로 만난다든가 북한에 갈 수가 없었을 뿐더러 북한사람이라는 말만 나와도 마치 무서운 에이즈환자나 대하듯 거리를 두었다. 심지어는 북한과 접촉하는 사람들을 색안경을 끼고 보는 경우가 보편적이었다.

그렇지만 중국국적을 가진 나 같은 조선족 교포들에게는 전혀 이상할 것이 없는 너무나 자연스러운 일이었다. 특히 중국 정부의 개혁개방의 정책 덕분에 중국의 어느 누구라도 사업이 되는 곳이면 북한이든 남한이든 가지 못할 이유가 전혀 없었다. 사람과 사람과의 만남, 특히 한민족끼리조차 자유롭게 접촉할 수 없었던 그 현실이 우리로선 안타깝지 않을 수가 없었다. 비극 중의 비극이었다.

내가 조국장을 만나게 된 경위는 아주 우연했다. 그런데 그와의 만남이 나의 인생에서 영영 지워 버릴 수 없는 하나의 큰 아픔으로 작용하리라고는 나중에서야 알게 되었다.

1996년 3월 초순 어느 날 저녁이었다. 내가 전에 몸담고 있던 흑룡강신문사의 최 부장 일행이 출장길에 북경에 왔기에 북경지사 조모 기자와 함께 평소 내가 잘 다니던 고향친구가

▲ 1990년대 개성을 방문했을 때 군인들과 기념촬영을 했다.

운영하는 동원식당에 저녁식사를 하러 갔다. 오래간만의 만남이라 떠들썩하게 술잔을 돌리며 분위기가 무르익었을 무렵, 식당주인인 황 경리가 우리 식탁으로 와서 "한국에서 오신 유명한 손님이 저쪽에서 식사를 하고 있는데 소개시켜줄까"하며 내 의중을 물었다.

사실 나는 이전에 한국사람들과 거래하면서 여러 차례 실망스러운 결과가 있었기에 한국사람들에 대한 반감이 적지 않았다. 그래서 늘 흔하게 만나는 보통 장사꾼이겠지 하고 별로 대수롭지 않게 여겼다. 그런데 우리들끼리 환담을 하는 사이 황 경리는 술을 따르면서 한국 김대중 총재를 모시고 있는 조직국장이라고 덧붙였다. 좋은 사람 같으니 잘 사귀어 두면 이후에도 손해 볼 일이 없을 것이란다.

황 경리가 거듭 권하는 바람에 나는 마지 못하는 척하면서 술 한 병을 들고는 그쪽 상으로 인사하러 건너갔다. 통상적인 상견례를 하고 나서 조 국장이 건네준 명함을 찬찬히 들여다 보니 상대는 과연 '새정치국민회의 조직1국장'이었다. 처음 들어보는 새정치국민회의란 이름에는 별 관심이 없었으나 중국에서도 많이 들어왔던 한국의 유명인사인 김대중 선생을 직접 모시고 있다는 말에는 나도 모르게 호감이 갔다. 사회주의 나라에서 살아온 나는 당의 조직국장이라면 힘깨나 쓰는 꽤나 대단한 인물이겠구나 생각했다.

첫 인상에 조 국장은 호감이 가는 얼굴에다 걸걸한 목소리로 언변도 참 좋았고 거기다 붙임성이 보통이 아니었다. 그는 "중국에 여러 번 왔었다"라며 말을 건넸다. 자연스레 술 몇 잔이 오갔다. 조 국장은 얼굴에 웃음을 잃지 않고 있었지만 얘기 도중에 어쩐 일인지 "이번 걸음은 헛수고였다"라며 한숨을 내쉬는 것이었다. "갑자기 웬 영문이냐"라며 지나가는 말로 얼핏 물었더니 "그간 공을 들여 열심히 추진해 왔던 사업이 물거품이 되는 바람에 오늘은 술이나 마시기로 했다"라며 "다음 날 아침 비행기 편으로 귀국하게 된다"라는 것이었다.

"무슨 사업이길래 그리 한탄하는가"라고 되물으니 조 국장은 내가 알아듣지도 못할 무슨 '등신불사업'이라는 것을 꺼냈다. "'등신불'이라는 게 도대체 무엇이길래 그렇게 낙담까지 하는가"라고 또 물었더니 조 국장은 술잔을 기울다 말고 어이가 없었던지 나를 물끄러미 쳐다보고는 이렇게 얘기했다.

"중국 당나라 때 신라의 왕자 김교각이라는 스님이 중국에 건너왔다가 99세를 일기로 세상을 홀연히 떠나갔는데 그 육신이 그대로 산사람처럼 굳어 오늘날의 등신불이 되어 지장보살의 화신이 되었다. 지금도 안휘성의 구화산에 있는 석함에 보존되어 있다."

그는 "이번 사업만 잘 됐더라도 몇백 억은 벌었을 것"이라며 못내 아쉬워했다. 당시만 해도 종교신앙 따위에는 별 관심이 없었던 나는 다른 건 다 제껴 놓고 좋은 사업거리가 된다는 말에는 어쩐지 귀가 솔깃해났다. 또 등신불이라는 것이 아직도 안휘성에 있다고 하는 말에 갑자기 평소 가깝게 지내오던 만백우 형님이 언뜻 떠올랐다.

만백우는 1980년대 초기 안휘성의 당 서기로 있으면서 중국의 개혁개방을 과감하게 실천에 옮겼던 전국인민대표대회 전 위원장(한국의 국회의장에 해당)의 맏아들이었다. 만백우 형님의 파워 정도라면 안휘성에서는 웬만한 일은 어렵사리 도와줄 수 있을 거라고 생각과 돈벌이가 된다는 말에 "만리 아들을 소개 시켜주면 어떻게 보답하겠는가"라고 조 국장에게 넌지시 농담 삼아 말을 건네봤다. 만백우가 누구인지도 몰랐던 조 국장은 나의 간단한 설명을 듣고 나더니만 대번에 안색이 확 달라져 버렸다. 착잡했던 심정에 주흥까지 곁들였던 조 국장은 내 옆에 바짝 다가와 앉으며 "이 사업만 성공된다면 크게 후사하겠다"라며 자기 술잔을 건넸다.

이쯤 내가 앉았던 테이블 동료들도 합석을 해 와 분위기는 고조에 올랐다. "이 일이 잘되면 김대중 선생도 만나 뵐 수 있는가?" 내가 농담 삼아 말을 꺼내자 조 국장은 "김대중 총재 면담도 시켜주겠다"라며 쉽게 공언했다.

조금 흥분됐던 나는 다들 지켜보는 가운데서 늦은 밤이었지만 만백우 형님 자택에 전화를 걸었다. 원래 다 스러져만 갈 것 같은 일이 나 때문에 한 가닥의 빛이라도 볼 수 있게 되었다고 생각했던지 조 국장은 무척이나 기뻐했다.

다음 날, 나는 조국장을 모시고 만백우 형님의 사무실 가까이 있는 한 중국식당에서 중식을 하면서 서로를 소개시켰다. 둘은 얼마 지나지 않아 서로 '형님, 아우' 하는 사이가 돼 버렸다.

썩 후에야 알게 된 일이지만 이 '등신불사업'은 1997년 제15대 대선에서 불심표를 잡기 위해 불자인 한 항공사 회장님의 후원으로 추진되게 되었다고 한다. 조 국장의 얘기에 따르면 김대중 총재도 당무회의가 끝날 때마다 조 국장을 조용히 불러 체크해 볼 정도로 무척이나 애착을 보였던 중요한 사업이었다고 한다.

이 만남을 계기로 나는 조 국장을 알게 되었고, 김대중 총재를 여러 번 만날 기회를 갖게 되었다.

실패로 끝난 등신불사업

 등신불사업이란 한마디로 구화산에 있는 김교각 스님의 등신불을 비롯한 유물들을 한국에 전시하는 사업이었다. 조국장이 서울로 돌아간 후 나는 의욕적으로 등신불사업에 열의를 올리며 박차를 가했다. 그 바쁜 만백우 형님을 붙들고 하루가 멀기 바쁘게 중국불교협회를 찾아다니며 관계 책임자들을 만나 여러 가지 방법을 모색해 봤다. 그의 비서 주문과는 두 번이나 구화산에 가서 당지 정부와 협상을 벌이는 등 백방으로 뛰어 다녔다. 그 결과 어느 정도 밑그림이 그려져 말 그대로라면 돈냄새가 나는 기분이었다. 정말이지 그때 나는 그 일에 거의 미쳐있다시피 하였다.

 그러던 어느 날, 조 국장으로부터 서울에서 갑자기 전화가 걸려 왔다. 등신불사업에서 당장 손을 떼라는 것이었다. 조 국장의 첫 마디 말을 듣는 순간 대번에 머리가 띵했다. 나보고 도와 달라고 할 때는 언제고 이제 와서 당장 그만두라니 정말로 한심한 일이 아닐 수가 없었다. 가만히 생각해 보니 밸이 울컥 치밀었다. 이제 와서 당장 그만두라니 나의 처지가 영 말이 아니었다. 이제는 돈벌이고 뭐고 주위 사람들에게 진 신세는 그만두고라도 이 사업을 추진한답시고 만백우 형님을 통해 소개받았던 그 많은 간부들에게는 어떻게 해명을 해야 할지 도무지 생각이 떠오르지 않았다. 결과적으로는 만백우 형님의 체면만 손상시킨 꼴이 되어버려 이러지도 저러지도 못하는 정말로 딱한 입장이었다.

아무런 배경이 없이 홀몸으로 북경에 진출했던 나에겐 그동안 진심으로 믿고 따르던 만백우와 같은 존재는 실로 큰 믿음이었다. '신의'를 무엇보다도 중하게 여기는 중국사람들에게 믿음이 한번만 깨지면 그것으로 끝이니 말이다. 괜히 고생만 시켜놓고 이 시점에서 물러나라니 조 국장이 괘씸해났다. 그야말로 진퇴양난이었다. 고민하던 끝에 조 국장에게 장시간 동안 전화를 걸어 저간의 사업을 하소연하듯 죽 설명하면서 위로 차원에서 만백우라도 서울에 초청해 줄 수 없겠는가고 요구했다.

그러던 1996년 6월 12일, 나는 무역파트너와의 거래 건 때문에 한국에 가게 되었다. 그때 처음으로 김대중 총재를 뵙게 될 기회가 주어졌다.

6월 14일날 이른 아침, 조 국장이 갑자기 나를 자기 사무실에 오라고 불렀다. 김대중 총재를 만나게 해 주겠다는 것이었다. 전혀 뜻밖이었다. 정신 없이 부랴부랴 뛰어 조 국장 사무실로 갔다. 조 국장은 맞은 편에 있는 빌딩의 4층으로 나를 데리고 갔다. 통칸으로 된 꽤 넓은 사무실에는 직원들이 벌써 업무를 보느라 분주하게 서두르고 있었다. 김대중 총재 사무실 문 앞에는 간부들처럼 보이는 사람 몇 명이 손에 서류봉투를 들고 결재를 받을 모양으로 줄지어 서 있었다. 조 국장의 뒤를 따라 맨 앞까지 가서 문을 열고 들어가 보니 글쎄 사진에서나 보아왔던 한 노인이 사무용책상에 앉아서 무엇을 쓰고 있었다.

김대중 총재였다. 아무런 준비도 없이 이렇게 가까운 거리에서 문득 김대중 총재를 만나는 순간, 나는 너무나 긴장했던 탓인지 가슴이 두근거렸다. 이내 마음을 진정하고 예절바르게 허리를 굽혀 인사를 올리며 나의 명함을 드렸다. 김대중 총재도 자기의 명함을 건네주시면서 "한국에는 언제 왔는가"라며 인자한 할아버지 마냥 따뜻하게 안부부터 물으셨다. 대번에 긴장감이 온데간데없이 사라졌다.

20평이나 될까말까하는 크지 않은 사무실에는 에이컨도 없는지 잠깐 앉아있는 동안인 데도 땀이 쉴새없이 흘러 내렸다. 한 10여 분 지났을까, 카메라를 든 한 40대 중반 되어 보이는 사진사가 들어 오더니 김대중 총재와 기념사진을 찍어주었다. 얘기가 끝날 무렵 김대중 총재는 책꽂이에서 책 한 권을 꺼내 직접 사인하신 후 방문 기념으로 주셨다. 《김대중의 3단계 통일론》이란 김대중 총재의 저서였다. 아무런 준비 없이 빈손으로 간 나는 어디에 몸둘 바를 몰랐다.

나와 김대중 총재와의 첫 번째 만남, 비록 이번의 만남이 짧은 한순간의 만남이었지만 나에겐 평생을 두고 잊을 수 없는 소중한 기억으로 오래오래 남았다. 내 일생에서 영원히 지워 버릴 수 없는 크나큰 자랑이 아닐 수 없었다.

그때에 내가 김대중 총재에게서 선물로 받았던 그 책과 북한에서 내가 찍은 기념사진들을 내 사무실을 들락날락하던 윤홍준이 어느새 훔쳐가 안기부와 결탁해서 나를 간첩이라는 증거라며 써먹었던 것은 후에 있은 일이었다.

김대중의 일산저택에서

1997년 8월 6일, 조 국장이 보내준 초청장이 반갑게도 내 사무실에 도착했다. 이에 앞서 보내온 초청장은 한중문화협회 이종찬 회장 명의의 초청장이었는데 그것을 가지고 영사관에 사증서류를 제출했더니 퇴짜 맞아 나왔다. 나중에 알고 보니 이전에 이 협회명의로 초청받은 사람들이 불법체류했던 이유 때문에 비자가 나오지 않았다는 것이었다. 그래서 조 국장이 다시 '국민회의 총재 김대중' 명의로 초청장을 다시 보내왔다. 토요일임에도 이번엔 단 3시간 만에 사증이 쉽게 떨어졌다.

8월 초 어느 날 밤, 윤홍준 씨가 갑자기 미국에서 전화를 걸어왔다. 우리가 서울에 가는 일정을 어떻게 알아냈는지 자기도 마침 그때 볼일이 있어 한국으로 가게 된다며 만백우 형님을 접대할 기회를 한번 달라는 것이었다.

윤 씨가 전에 북경에 왔을 때 내가 만백우 형님을 소개시켜준

'북풍사건' - 한 해외교포가 겪은 정치실화

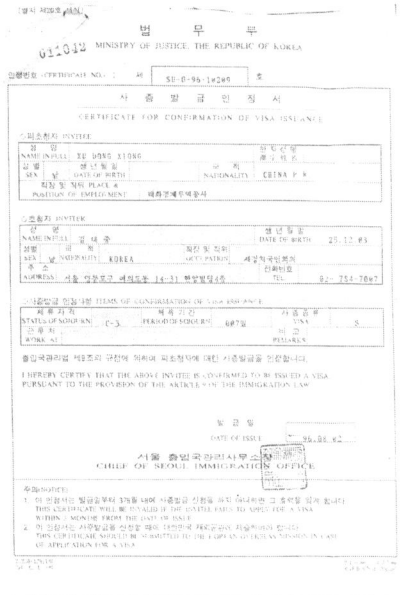

▲ 1997년 8월 초에 받은 김대중 총재 명의의 초청장.

일이 있어 서로 안면은 있었다.

내가 조 국장이 보내준 빡빡한 일정 때문에 상황이 어떻게 될지 모르겠으니 그때 가서 보자며 그의 한국 휴대폰번호만 받아놓았다.

조 국장은 우리들의 이번 여행에 정말로 많은 신경을 썼다. 우리들의 일정을 세심하게 짠 스케줄을 미리 팩스로 보내 왔고 첫날의 공항마중부터 끝날 때까지 우리 일행을 열심히 안내했다.

1998년 8월 10일, 우리 일행 셋은 일정 대로 6일간의 즐겁고 유쾌한 한국 여행길에 올랐다. 1986년 아시안게임과 88올림픽을 성공적으로 유치했던 나라, 아시아의 네 마리 용이라고 자랑하던 소문으로만 들어오던 한국땅을 처음 밟아보는 그들은 여간 신이 나 하지 않았다. 그들의 흐뭇한 표정에 나도 크나큰 위안을 느꼈다.

제1부 김대중이 당선되면 다 죽는다

▲ 1998년 8월 15일 김대중 총재의 일산저택을 방문했을 때 김대중 총재님은 직접 사인을 자신의 저서를 우리에게 주셨다. 왼쪽부터 만백우 형님, 필자, 김대중 총재.

우리는 강남의 한 4성급호텔에 짐을 풀었다. 그날 저녁, 국민회의 박상희 부총재의 후한 만찬을 마친 우리는 한강의 야경을 맘껏 구경하고 호텔로비에 들어섰다. 어디서 나타났는지 윤 씨가 우리 일행을 기다리고 있었다. 그는 우리를 보자 무척 반가운 기색을 나타냈다. 그러면서 그는 대뜸 나를 보고 "김대중 총재가 초청해 왔다는 귀한 손님들을 이런 초라한 호텔에 모시면 형님의 품위가 깎이지 않겠는가"라며 당장 자기가 전용으로 쓰고 있는 리츠칼튼호텔로 옮기자고 했다. 우리 보기엔 이 정도의 호텔이면 괜찮은데 말이다. 윤 씨가 하도 선심을 쓰며 강권하다시피 하기에 그의 뜻을 만백우에게 통

'북풍사건' - 한 해외교포가 겪은 정치실화

▲ 1998년 8월 15일 오전 김대중 총재 일산저택을 방문한 만백우 형님이 준비해 간 선물을 김 총재에게 드리며 설명하고 있다. 왼쪽이 필자.

역을 해 주었다. 만백우는 그의 성의는 고맙지만 초청 측의 예의에 어긋난다며 보기 좋게 거절해 버렸다. 그러자 윤씨는 마지못하는 척하다가 객지에 나와서 전화 쓰기도 불편할 텐데 내일 휴대폰을 하나 갖다드리겠다며 자리를 떴다.

이튿날, 윤 씨는 자기가 한국에서 늘 이용하는 자가용(후에 안 일이지만 실은 호텔에서 렌트한 차였음)이라며 그랜저를 끌고 왔다. 그날부터 윤 씨는 설악산, 제주도행까지 3박 4일 동안 우리들과 동행하며 친절을 베풀었다. 우리가 찍은 사진 필름도 꼭 자기가 현상해 주겠다며 가지고 가서는 우리가 귀국할 때는 멋지고 큼직한 앨범까지 만들어 왔다. 처음으로 한국을 방문하는 중국 친구 앞에서 나의 체면을 세워 주는 그의 소행이 고마울 수밖에 없었다.

허나 그때 윤 씨의 이 모든 '친절한 서비스'가 안기부의 면밀한 계획하에 이루어졌다는 것을 꿈에도 생각 못했다. 후에 알고 보니 그때 윤 씨의 '친절'은 철저하게 안기부의 각본 대로 나와 조 국장, 그리고 김대중 총재를 북한과 엮기 위한 작전이었다. 그 고난도의 정치술수에 순진한 내가 나도 모르게 한발 한발씩 안기부의 음모 수렁에 빠져드는 과정이었다.

귀국하던 날인 8월 15일 아침, 우리 일행은 김대중 총재의 일산저택에 초대받는 영광을 누리게 되었다. 김대중 총재와 이희호 여사, 그리고 조 국장과 우리 일행이 조찬을 함께 하면서 즐겁게 환담도 나누고 기념사진도 여러 장을 남겼다.

김대중 총재는 노년임에도 아침 식사를 거뜬하게 드셨다. 만백우는 부친인 만리 위원장의 저서와 함께 정성 들여 준비해 간 중국의 유명화를 선물로 드렸다. 이날이 마침 8·15광복절이어서 김대중 총재는 무슨 기념회에 참석한다기에 조찬은 40여 분 만에 끝났다.

비록 길지 않은 조찬시간이었지만 우리에겐 두고두고 기념할 만한 아름다운 추억으로 남게 되었다. 그런데 김대중 총재와의 순수한 이런 만남이 후에 가슴아픈 화근이 될 줄은 그때만 해도 상상조차 못했다.

제2부

드러난 공작의 실체

제2부
드러난 공작의 실체

1. 윤 씨에게 놀아난 안기부

윤홍준의 정체

지난 1998년 서울에서 발간되는 《월간중앙 WIN》(5월호)는 윤홍준에 대한 기사를 상세히 보도했다. 이 기사는 재미사업가라고 자처하던 윤 씨의 주장과는 달리 직업조차 불분명한 '빈털터리 사기꾼'이라고 전제한 후 안기부와 윤 씨가 서로를 이용해 2년여간 지하에서 벌였던 거래의 전말이라며 나와 관련된 사건을 폭로했다.

"이렇게 파장이 엄청날 줄은 정말 몰랐습니다. 얼마든지 피할 수도 있었고 미국에서도 도피생활을 할 수 있었습니다. 서울에 다시 들어간 것은 제가 한 일을 대수롭지 않은 일로 여겼기 때문입니다."

1997년 대선 기간 중 이른바 '김대중 후보 대북 커넥션 폭로 기자회견 사건'으로 현재 구속 중인 재미동포 윤홍준(濔尋엑. 31) 씨는 옥중에서 최근 미국 워싱턴에 있는 아버지에게 이런 내용의 편지를 보냈다. 이 편지를 받고 아버지는 '사안이 중대한 만큼 내놓고 도움을 청할 처지가 아니다'면서 한숨만 내쉬고 있는 형편이었다. 대선 때 안기부가 벌인 일련의 '북풍' 공작 중 핵심이 바로 윤 씨가 배우노릇을 한 이 사건이다.

그러다 이 공작은 안기부 수장이었던 권영해 전 부장까지 구속시키는 부메랑이 되어 돌아왔다. 이 사건으로 구속된 사람은 이들을 포함해 안기부 해외조사실(203실), 이대성 실장, 주만종(41.5급)·이재일(32. 6급) 씨 등 5명에 이른다.

'대수롭지 않은 일'로 판단해 귀국

이 공작의 전모가 밝혀지면서 권영해 전 부장은 검찰수사 도중 할복을 기도했다. 이대성 실장은 자신의 구명을 위해 비밀문건을 공공연히 유출하는 촌극을 연출하기도 했다. 이 사건이 몰고 온 회오리는 여기서 그치지 않았다.

"안기부는 1998년 4월 10일 이 회견 공작을 맡았던 해외조사실 등 10개 부서를 폐지하는 조치를 단행했다. 이와 함께 안기부 전체적으로 10%선인 9백여 명의 목이 날아갔다. 특히 국내 분야를 담당했던 기구가 대폭 축소되고 인원은 30% 가량 줄었다."

《월간중앙》은 이처럼 국기를 뒤흔들고 나라에 운명을 바꿀 수도 있었던 엄청난 사건을 '대수롭지 않은 일'로 생각하고 행동에 옮긴 '철부지' 윤 씨가 과연 누구인지를 추적했다. 이번 사건으로 구속되기 이전까지만 해도 윤 씨의 정체는 안개 속이었다. 그는 만나는 상대와 상황에 따라 자신의 신상과 이력을 변조했기 때문이다. 때문에 그의 신상명세를 정확히 아는 사람은 거의 없다.

윤 씨는 1967년생이다. 아버지는 모대학, 영문과를 졸업하고 KBS를 거쳐 교육방송에서 부장까지 지냈다. 살아온 환경과는 달리 윤 씨는 거짓말을 밥먹듯 했다. 도쿄 기자회견에서 그는 국교 4학년 때인 1977년에 전 가족이 미국으로 이민한 영주권자라고 밝혔다. 그런데 윤 씨가 국민회의 당시 조직국장이던 조만진 씨를 처음 만나서는 3세 때(69년께) 이민을 갔다고 자신을 소개했다. 윤 씨는 한국말이 전혀 서투르지 않았지만 심지어 "한국말을 잘 못한다" 양해를 구하는 너스레까지 떨었다.

1977년에 전 가족이 이민을 했다는 것은 사실이 아니다. 이때는 신청만 했다. 윤 씨의 어머니와 남동생이 먼저 이민을 떠난 것은 1990년이었다. 윤 씨의 그때 나이가 만 23세. 영주권자가 동반해 이민할 수 있는 나이인 21세를 이미 넘은 뒤였다. 윤 씨가 정식으로 이민을 간 것은 1995년 11월 15일로 주민등록상에 나와 있다. 아버지는 그에 앞서 같은 해 1월 27일 도미한 것으로 되어 있다.

윤 씨는 서울에서 H중을 거쳐 1986년 S고를 졸업했다. 그러나 그는 도쿄 기자회견에서 '77년 이민'의 알리바이를 성립시키기 위해 이민 이후 다시 한국으로 돌아와 청소년기를 한국에서 보냈다고 설명했다. 중학교 재학 시 성적은 학급에서는 69명 중 64등, 학년에서는 5백55명 중 4백88등이었다. 공부엔 별 뜻이 없는 학생이었다.

"한국말 잘못한다" 너스레

고교를 졸업한 후 윤 씨는 서울에서 한동안 재수생 생활을 했다. 이때 윤 씨가 벌인 해프닝이 '리처드뻥 가짜 서울대생 사건'이라고 한다. '리처드'는 부모가 미국에 살고 있다면서 중학교 때 스스로 자랑했던 그의 미국 이름이다. '리처드 뻥'은 허풍이 심해 주변 친구들이 붙여준 별명이다.

고교 졸업 후 그가 어느 날 서울대에 나타났다. 미생물학과에 다닌다는 것이었다. "동창회를 만들어 은사들에게 인사를 가자"라고 친구들에게 제안을 하고 다닐 만큼 진짜 같은 서울대생 생활을 했다. 그러나 이 가짜 놀음은 한 학기 만에 들통나 끝이 나고 말았다.

그로부터 몇 년 후인 1989년 윤씨는 워싱턴의 아메리칸대학에 얼굴을 드러냈다. 아메리칸대학이라면 미국의 유수한 명문대에 속한다. 본인은 이 대학 경영학과를 3학년까지 마쳤다고 말했다. 그런데 아버지도 아들의 전공학과를 모르고 있다. 정식 입학 여부는 불분명하다. 윤 씨는 1992년 초 대학을 휴학했다고 도쿄 기자회견에서 주장했다. 본인 말로는 "돈 버는 일이 더 좋아서였다"라는 것이다. 윤 씨는 또 휴학하던 해 건축·투자자문회사인 '이스턴 컨설팅&트레이딩 네트워크'(이하 이스턴으로 약칭)를 인수해 그때까지 사장으로 재직 중이라고 밝혔었다.

이스턴은 어떤 회사였을까. 그가 한국에서 뿌린 명함에 박힌 이름은 조셉 윤(Joseph Yoon). 윤 씨는 세례명을 그대로 미국식 이름으로 썼다. 주소가 PO Box 6337, Mclean Virgina22106으로 되어 있고 전화번호 두 개와 팩스번호 한 개가 나와 있었다.

이 번호로 연락을 했더니 착신지는 '이스턴'이란 상호를 쓰는 다른 교포의 회사였다. 다만 1990년 무렵 여름방학 때 윤 씨가 이곳에서 파트타임으로 일을 한 적이 있다는 것이다. 윤 씨는 한국을 드나들면서 이곳을 미국 연락처로 삼았다.

전화를 받았던 교포는 그 사실을 전혀 몰랐다며 여비서가 개인적인 친분에서 그를 도와줬을 가능성을 있다는 대답을 했다. 윤 씨는 미국에서 무슨 일을 하면서 지냈을까. 이를 짐작케 해주는 한 가지 사례가 있다. 인천에 있는 한 자동차 부품 공장 전무인 K씨의 경험담이다. K씨는 1996년 11월께 뉴

욕에 본사가 있는 한 기계회사의 한국대리점 개설문제를 해결하기 위해 미국에 간 적이 있었다. 여행사를 통해 현지 법률과 무역에 전문지식이 있는 통역사 한 사람을 구해 달라고 부탁했다. 이때 통역사로 나온 사람이 윤 씨였다. 윤 씨는 이스턴에 변호사가 몇 명 있는데 마침 자리를 비우는 바람에 통역사가 아니지만 대신 나왔다고 자신을 소개했다. 그런데 윤 씨는 K씨 일행에게 일당을 훨씬 넘는 5백~6백 달러 어치의 술을 샀다.

그는 술을 마시는 동안 개인 신상이나 집안 얘기는 전혀 꺼내지 않았다. 다만 "이스턴이 오퍼상을 겸하고 있으므로 미국에서 구입할 물건이 있으면 자신을 통해서 해달라"라는 부탁을 했다고 한다. 완연한 장사꾼의 모습이었던 셈이다. 이런 윤 씨가 국내외에서 벌이고 있다는 사업규모는 웬만한 재벌 못지 않았다. 도쿄 기자회견 때 밝힌 내용만 정리하더라도 큰 사업가로 비치기에 충분했다. 그가 밝힌 내용을 보자.

"필리핀의 수빅만 개발에 관여했다. 또 현지에 제지공장을 운영 중이다. 그 제지공장에서 생산한 신문용지를 한국·일본·동남아에 수출하고 있다. 북한에 10만 달러를 투자해 평양에서 피복임가공공장, 평양근교에 국수공장을 가동하고 있다. 북한과 트럭운송 합작사업을 곧 시작한다."

윤 씨는 "회사인수 등 사업자금은 모친과 친구들이 대주었다"라고 말했다. 그런데 그의 어머니는 워싱턴 시내에서 '델리'로 통칭되는 조그만 샌드위치 가게를 운영해 지금껏 집안살림을 책임지고 있다. 아버지도 윤 씨에게 돈을 건네주거나 반대로 윤 씨로부터 도움을 받은 적이 없다고 말하고 있다. 남동생은 태권도장을 운영하고 있다. 대부분의 이민자들이 그렇듯이 윤 씨 가족도 '구멍가게' 규모의 장사로 생계를 유지하고 있다는 것이다.

이처럼 윤홍준 씨는 중학교 때부터 허풍이 심해 친구들 사이에 '리처드 뻥'으로 통했다. 그는 1989년 서울 강남 일대에서 회자가 됐던 '가짜 서울대생 사건'의 주인공이기도 했다. 그가 경영하고 있다는 건축·투자 자문회사는 한때 자신이 파트타임으로 일했던 회사의 전화번호를 도용한 유령회사였던 것이다.

월세 아파트서 살면서 '귀족' 행세

그러나 윤 씨는 자신을 과시하듯 돈을 쓴 것으로 알려졌다. 술을 많이 먹지는 않지만 즐기는 편이었다. 손님을 접대하면서 비싼 룸살롱을 꽤 자주 출입했다. 그는 그때마다 남들이 계산하는 것을 한사코 말리면서 현금으로 자신이 지불했다. 또 차를 빌리더라도 그랜저를 빌리는 식이었다. 그러나 사실상 그는 빈털터리였다.

사건이 불거진 뒤 언론들은 하나같이 서울에 오면 윤 씨가 최고급 호텔중 하나인 리츠칼튼 호텔에 묵었다고 보도했다. 윤 씨가 하루 숙박비가 38만 원짜리 방을 썼다면 그 호텔의 '팔러슈터(Parlor Suite)룸'일 것이다. 이 룸은 이 호텔에선 중급에 속한다. 그렇다 하더라도 한 달을 묵으면 숙박비만 1,240만 원에 이른다. 안기부에서 공작금을 받았더라도 그가 감당하기에는 너무 큰 액수다. 실제로 이 호텔 종업원들은 윤 씨가 투숙한 것은 1년에 한두 차례에 불과하다고 증언했다. "손님을 만나는 데 로비나 커피숍을 자주 이용했던 것 같다"라는 것이 종업원들의 얘기였다.

그가 서울에 오면 주로 지내는 방은 리츠칼튼 호텔에서 멀지 않은 곳에 따로 있었다. 서초구 잠원동 한신 아파

▲ 윤홍준이 나에게 남긴 이력서와 사업내용, 나중에 모두 가짜로 판명이 났다.

트 318동 513호가 그곳, 대선이 가까워 오전 1996년 7월 10일 이곳에 입주했다. 19평형으로 자신이 밝힌 계약조건은 보증금 1천만 원에 월세 80만 원. 구속된 후 한달여 만인 1998년 3월 28일 계약을 해지했다. 아파트 경비원에 따르면 찾아오는 사람은 거의 없었다. 윤 씨만 아는 비밀의 공간이였던 셈이다.

그는 이곳에서 살면서 수많은 사업을 벌이는 사업가로 행세했다. 하지만 실제로 이루어진 사업은 거의 없었다. 돈이 없었기 때문일 것이다. 25만 달러는 안기부 공작금으로써는 별로 많은 돈이 아니다. 하지만 윤 씨 개인으로는 거액이 아닐 수 없다. 그래서 윤 씨와 안기부 간의 거래가 가능했던 것으로 보인다. 안기부와 윤 씨의 관계는 알려진 것보다 훨씬 이전에 시작됐을 가능성이 크다. 아버지에 따르면 윤 씨는 4~5년 전부터 북한과 무역을 하기 위해 안기부 사무실을 드나든다고 말해 왔다는 것이다. 윤 씨는 당시 가족들에게 안기부와의 협조는 사업을 수월하게 하기 위한 것이라고 설명했다.

그러나 이때는 윤 씨가 사업상 필요에 의해 일반적으로 안기부를 짝사랑했을 가능성이 크다. 왜냐하면 당시는 안기부가 윤 씨를 필요로 하던 때가 아니었기 때문이다. 윤 씨는 자신의 가치를 인정받기 위해 안기부에 공을 세우려고 나름대로 노력을 기울인다. 이때 필자가 엮이게 된다. 《월간중앙》의 취재내용에도 필자가 나온다.

"(안기부에 공을 세우기 위해 노력하는) 그 과정에서 등장하는 인물이 중국의 조선족 사업가 허동웅 씨. 허 씨는 오래 전부터 베이징에서 태화무역공사와 태화여행사를 경영하며 남과 북을 수시로 드나들고 있었다. 허 씨 기억에 따르면 윤 씨를 처음 만난 것은 1995년 여름이었다. 허 씨 기억에 따르면 윤 씨를 처음 만난 것은 1995년 여름이었다. 전부터 알고 지내던 북한 선박회사 김 씨 소개로 베이징 위양호텔에서 윤 씨와 첫 인사를 나눈다. 그후 윤 씨는 허 씨를 '형님'이라 부르면서 자주 사무실에 나타났다. 그리고 북한 진출을 도와 달라고 허 씨에게 끈질기게 매달린다.

윤 씨는 '필리핀 제지공장 북한 이전' 등의 조건을 내세워 허 씨의 도움으로 마침내 북한방문의 꿈을 실현한다. 1996년 9월 나진·선봉 투자설명회 참석이 그것이다. 그런데 윤 씨는 나진·선봉 방문 후 욕심을 한 단계 높였다. 이번엔 평양을 방문하게 해 달라고 허 씨를 졸랐다. 윤 씨가 미국 시민권자가 아닌 관계로 허 씨가 추진했던 윤 씨의 평양 방문은 결국 무산됐다. 그즈음에 윤 씨는 허 씨의 소개로 조만진 당시 국민회의 조직국장을 만날 수 있었다. 그때 조 씨는 신라의 왕자 출신으로 중국의 지장보살로 추앙받고 있는 김교각 스님의 등신불 한국 전시사업을 추진 중이어서 중국을 자주 드나들었다. 사업 추진이 지지부진하자 거들어 주겠다고 나선 사람이 허동웅 씨였다. 이 과정에서 허 씨가 소개한 사람이 바로 윤 씨였다. 윤 씨는 조 씨를 처음 만났을 때부터 '엄청난 갑부 아들'로 행세했다. 아버지는 워싱턴에서 CA-TV를 운영하고 있고, 어머니는 호텔 체인을 경영하고 있다는 것이었다. 윤 씨는 이를 증명해 보이려는 듯 나중에 사업확장을 위해 서울의 강남에 있는 E호텔을 인수할 것처럼 나선 적도 있다. 당시 부도가 났던 E호텔은 114억 원에 법원 경매물로 나와 있었다. 그는 인수 후 운영비를 포함해 200억 원이 필요하다면서 아버지에게서 100억 원을 끌어오고, 부산에 있는 아버지 친구에게서 100억 원을 빌리겠다면서 구체적인 자금 동원계획까지 얘기했다. 그러나 이 사기극은 윤 씨가 어느 날 부산으로 돈 가지러 간다는 말을 남기고 사라지면서 없었던 일이 돼 버렸다."

'반공우익 성향 강한 사람' 평가

이때 윤 씨는 이미 안기부의 '협조자'가 돼 있었다. 협조자란 민간인으로서 안기부의 정보입수를 돕는 사람을 가리키는 통칭이다. 1998년 3월 작성된 안기부 문건에 따르면 윤홍준 씨를 공작관이 최초로 접촉한 것은 1996년 2월 13일이다. 이 문건은 윤 씨가 그해 1월 27일 캐나다 토론토에서 북한 대흥선박회사 김철용을 만난 뒤 이 사실을 2월 11일 안기부에 신고 해와 그를 만나게 됐다고 설명하고 있다.

같은 문건에는 또 "윤홍준은 동건 신고 전 당부(안기부)를 사칭하며 사기행각을 벌인 가(가짜)부원을 감찰실에 제보한 바 있다"라는 내용이 추가로 들어있다. 이 점이 인정돼 안기부에서는 받아들이기로 판단한 것 같다. 이 접촉이 있은 뒤 안기부는 윤 씨를 곧 협조자로 발탁했다.

그리고 그때부터 안기부는 무서운 음모를 연출하기 시작한다. 이때 선택된 배우가 윤 씨였다. 안기부 문건에는 윤씨가 '평소 반공우익 성향이 강했다'라고 설명하고 있다.

안기부 문건에 따르면 윤 씨는 국민회의 조직국장 조만진 씨와 필자의 언행에 대해 1996년 7월부터 수시로 보고를 하고 있었다. 안기부 문건에는 윤 씨가 입수했다는 첩보의 출처가 대부분 필자로 나타나 있다. 윤 씨가 입수했다며 보고한 첩보에는 "허동웅이 1996년 6월 말 국민회의 인사 4명과 평양을 방문했으며, 이 일은 국민회의 조직국장 조만진이 추진해 왔다"라는 내용이 들어 있었다.

안기부를 만족시키려는 욕심에 윤 씨가 꾸며 낸 터무니없는 이야기였다. 그러나 안기부는 이 첩보의 신빙성과는 상관없이 'DJ 불가론'에 기초한 공작을 착착 진행시키고 있었다. 나중에 밝혀졌지만 이 공작에는 안기부의 수장이 직접 나섰다.

회견 실패 후 안기부 태도 돌변

대선을 앞두고 안기부는 과거와는 차원이 다른 큰 그림을 그려주고 윤 씨에게 연기를 하도록 주문했다. 이른바 'DJ 대북 커넥션' 폭로가 그것이었다. 안기부가 사전에 원고까지 작성해 준 것으로 드러난 윤씨의 폭로내용을 요약하면 이렇다.

"DJ와 김홍일 의원이 북한 공작원인 중국의 조선족 허동웅과 접촉했다. 허동웅으로부터 북한의 김정일이 대선 때 DJ에게 자금을 제공할 것이란 말을 들었다. 또 허동웅은 조만진이 북한을 네 번 드나들며 DJ의 메시지를 전했다는 말도 했다."

《월간중앙》은 필자를 끼워 넣은 배경을 다음과 같이 분석했다.

"윤 씨는 조만진을 음모의 핵심고리로 연결시키려다 결정적인 증거가 없어 여의치 않자 남북을 넘나드는 허동웅 씨를 간첩으로 지목했던 것으로 보인다. 그리고 그 증거로 만백우 일행이 김대중 총재의 일산자택을 방문했을 때 아들 김홍일 의원과 찍은 사진(저자주: 그때는 김홍일 의원이 없었고 그 사진은 우리가 서울에 도착한 다음 날 김 의원이 서교호텔 중국식당에서 우리를 초대하며 찍은 기념사진임)을 제시했다."

졸지에 간첩으로 지목된 나는 윤 씨의 주장을 조목조목 반박하는 8쪽에 이르는 장문의 성명서를 다음 날 발표했다. 만백우와 주문도 같은 입장을 담은 해명서를 내놓았다. 당시 전문가들은 조선족사업가를 간첩으로 몰아부친 것을 결정적인 실패 요인이라고 지적했다. "남북을 오가며 사업을 하는 조선족들은 어느 한편에 기우는 것을 가장 경계하는 것이 일반적 현상인데, 눈앞의 이익에 팔려 일생의 사업을 망치는 도박은 상상하기 힘들다"라는 지적이다. 또 익히 알려진 사진을 유일한 증거로 제시함으로써 회견에 참석했던 기자들을 납득시키지 못했다. 무엇보다 윤 씨 스스로 의심스런 행적 때문에 기자들의 신뢰를 얻지 못해 베이징, 도쿄, 서울에서 기자회견은 결과적으로 모두 실패했다.

더욱 놀라운 것은 윤 씨 기자회견 후 안기부의 돌변한 태도다. 안기부는 윤 씨의 기자회견을 '정치적 돌출행동'으로 매도하며 즉각 발을 빼려고 시도했다. 안기부는 "협조자(윤홍준)가 공작관과 사전 협의 없이 기자회견을 자청했다"라고 해명했다. 그러나 이 사건이 안기부장 구속이라는 엄청난 결과로 이어질 것으로 예상한 사람은 많지 않았다. 대한민국 국가안전기획부가 '빈털털이 사업가'와 위험한 불장난을 하다가 자살골을 터뜨린 셈이다.

2. 내가 아는 윤홍준

흔히들 인생을 연극이라고 한다. 그리고 그 연극에는 배우들이 있게 마련이다. 그런데 안기부의 고약하고 비열한 시나리오에 등장해서 희한한 연극을 놀았던 윤홍준은 대체 어떤 인물인가?

1998년 12월 11일, 북경의 초겨울 날씨는 여느 때와 마찬가지로 쌀쌀하고 추웠다. 이날 나는 지방에서 병 보러 오신 아버님을 모시고 북경의 모 병원에서 조용히 차례를 기다리고 있었다. 환자들이 많아 근 두어 시간이나 지루하게 기다리고 있을 무렵, 갑자기 옆구리에 차고 있던 호출기(일명 삐삐)가 요란하게 울렸다.

조만진 국장의 황망한 전화

"급한 일이 있으니 당장 전화 달라."

전화 번호를 보니 고향동창인 항 경리의 전화였다. 그는 북경에 동원식당이라는 자그마한 한식점을 운영하고 있었다.

전에도 친구들이 이 같이 농담조로 걸려온 삐삐가 많았던지라 일을 다 끝내고 전화해야겠다고 생각하고 대수롭지 않게 여겼다.

조금 지나자 또 삐삐가 연거푸 요란스레 울려댔다. 그칠 새 없이 하도 짜증나게 울려대자 어슬렁어슬렁 공중전화 박스로 가서 전화번호를 돌렸다

다짜고짜 욕부터 흘러 나왔다.

"야 임마, 큰일이 났다, 큰일이. 지금 당장 내 가게로 와."
"너 농담하지마, 지금 바쁘단 말이야, 병원이야."
"이 난리판에 무슨 놈의 병원 얘기야, 너 간첩이 아냐?"
"너 간첩 좋아하네. 어디 아프지 않니? 하하하~ 시간이 없어, 끊는다."
"너 지금 제정신이야? 농담이 아니래두. 아주 심각하단 말이야. 좀 전에 서울서 조 국장한테 전화가 왔댔어. 또 올 거야."

황 경리의 다급하고 진지한 말투를 들으니 이번엔 어쩐지 농담 같질 않아 보였다.

동생보고 마무리하라고 하곤 다짜고짜 택시를 잡아타고 단숨에 동원식당으로 갔다. 헐레벌떡 문턱에 들어서기 바쁘게 황 경리가 또 부산을 떨며 야단쳤다.

"왜 이제야 오니! 다섯 시에 조 국장이 전화가 올 테니까 꼼짝 말고 여기서 전화를 기다려라. 너 땜에 난리판이란다, 난리판!"
"야, 내가 뭐 어째서? 대체 무슨 일인데 이리들 야단법석이

야?"

 밑도 끝도 없는 황 경리의 말에 도무지 갈피를 잡을 수가 없었다. 아무리 생각해 봐도 이상하기만 했다. 더군다나 1년 넘게 연락을 안 해 오던 조 국장이 이렇게 다급한 일로 전화해 올 리 없었다.
 땀을 훔치며 어정쩡하게 앉아 차를 마시고 있는데 정확히 중국시간 5시에 조 국장의 전화가 걸려왔다.

 "허 사장, 사실 대로 말해야 한다. 지금 녹음하고 있으니 있는 그대로 얘기하라."

 오랜만에 듣는 조 국장의 목소리다. 이상하게도 익숙했던 웅클진 목소리가 아니라 가라앉은 것 같은 쉼 섞인 목소리가 힘없이 들려 왔다.

 "형님, 도대체 무슨 일인데 이렇게 엄숙합니까?"
 "너 언제 어디서 누구의 소개로 윤홍준이를 알게 됐어? 내일 사람을 보낼 테니깐 사실 대로 자세하게 얘기해 달라."

 내 말이 채 끝나지도 않았는데 조 국장은 엉뚱하게도 내가 평소에 친동생처럼 끔찍하게 아끼던 윤홍준의 얘기부터 꺼낸다.

실로 아닌 밤중에 홍두깨 내미는 일이었다.

"뭐? 형님. 윤홍준이가 왜요? 그 동생이 어쨌단 말입니까?"

조 국장의 전화를 받으면서 나는 점점 어리둥절 해났다.
(혹시 윤홍준이가 대형사고라도 저질렀나? 그런데 사람을 보내겠다는 얘기는 또 무슨 뜻인데……)
잠깐 앉아 있으려니 이번엔 이 식당의 김 사장이 헐레벌떡 뛰어와 북경시내를 다 훑다시피 나를 찾았다며 상기된 얼굴로 호통친다.

"허 사장, 큰일이야, 큰일!"

김 사장은 같이 따라 들어 온 사람들을 가리키며 주중 특파원들이라고 소개한다.
나는 점점 어안이 벙벙해났다.
처음으로 만나보는 그들은 예의 같은 것은 아예 저쪽으로 한 채 대번에 보물이라도 발견한 듯 질문공세부터 퍼부었다.

"도대체 왜서들 이리도 난리입니까?"

하도 어이가 없어 화부터 치밀었다. 정말로 하나도 정신이 없었다.

 김 사장은 손에 들고 있던 서류를 탁상 위에 내동댕이치며 한번 읽어보란다.

 점심에 윤홍준이가 북경에서 했다는 기자회견문이라고 한다.

"뭐, 뚱딴지 같은 기사회견문입니까?"

청천벽력 같은 소식

조금 진정하고 탁상 위에 내던져진 기자회견문을 내들었다.

 "나는 미국의 영주권자이며 미국의 워싱턴에서 투자자문회사를 하고 있는 윤홍준입니다. … DJ가 대통령이 되면 국민들이 큰일날 것이라는 생각이 확고해졌다. … 조 국장은 매우 좋은 사람이었다. 그런데 DJ를 위해 북한과의 연결사업을 하는 것을 보고 깜짝 놀랐다. … 한마디로 허동웅은 북한의 간첩임이 틀림없나."

 순간, 머리가 아찔하고 피가 거꾸로 흐르면서 하늘이 샛노래지는 것만 같았다. 윤홍준 때문에 내가 졸지에 북한 간첩으로 둔갑한 것이다. 도무지 믿기질 않았다. 아무리 생각해 봐도 윤 씨가 나한테 이렇게 할 이유가 전혀 없었다.

윤 씨를 마지막으로 만난 것은 2주 전쯤인 11월 27일이었다. 그때까지만 해도 내 사무실에 와서 "형님! 연말쯤에는 북경의 좋은 위치에 사무실을 크게 내고 같이 장사를 해 봅시다"라는 약속을 철썩 같이 해놓고 돌아갔던 윤홍준이었다.

그런데 갑자기 나를 "간첩"이라고 하니~!"

아무리 생각해 봐도 도무지 이해가 안 갔다. 순간적으로 숨이 꽉 막히는 것 같았다. 갑자기 무슨 놈의 똥딴지 같은 소린가. 날벼락에 마른벼락이니 말이다!

정신 없이 기자들의 질문 세례에 부대끼는 동안 정장차림의 한 남자가 또 내 앞에 나타났다. 특파원들하고는 아는 사이인지 목례를 하고서는 "한국대사관에서 나왔다"라며 나에게 똑같은 기자회견문을 들이밀며 대뜸 확인 작업부터 들어갈 심산이었다.

대번에 열통이 터지는 것 같아 나도 모르게 욕부터 나왔다.

"그 염병할 놈 자식이 왜 이따위 기자회견을 했답니까? 정신 나간 놈이 아니면 완전히 미쳤어요. 그게 어디 말이나 되는 소리입니까? 내가 간첩이라고? 간첩이 어디 그렇게 흔했습니까?"

"그래서 확인하자는 것이 아닙니까?"

"뭐! 확인? 도대체 무엇을 확인하겠다는 겁니까? 내가 간첩이면 이 세상 조선족들이 다 간첩입니까? 그래 간첩이라는 놈이 어떻게 이렇게 멀쩡하게 활개치며 다닐 수 있겠습니까? 내가 간첩이라면 왜 중국 당국은 오늘까지 잡아가지 않습니까?"

나의 언성은 높아만 갔다. 연이어 열변을 토하고 나니 조금은 마음이 진정되는가 싶었다.

"여기에 나오는 시간, 장소, 인물 같은 것은 맞을 줄 모르겠으나 나머지는 상상을 초월하는 엉터리 같은 날조란 말입니다. 소설도 이런 소설이 없어요. 조작 중에도 완전한 상조작이란 말입니다."

실로 기가 막히는 일이 아닐 수 없었다.
(내가 윤 씨를 얼마나 잘 대해줬는데…)
처음에는 서운함이 들다가 배신감까지 들었다.
그날 저녁, 나는 악에 받쳐 씩씩거리며 그 독한 56도짜리 이과두주를 연거푸 들이마셨는데도 이상하게 술이 술 같지 않고 생수처럼 느껴졌다. 취기라고는 오르지 않고 되려 정신만 말똥말똥해났다.
밤늦게 집에 돌아와 나는 일기책을 넘기며 지나간 일들을 곰곰이 돌이켜봤다. 나는 평소 일기를 쓰는 습관을 길러왔다. 불현듯 올해 9월에 있었던 한 가지 일이 뇌리를 스쳤다.

지난 9월 4일 오후였다. 윤홍준은 "평양에 가는 길에 북경에 들렀다"라며 "형님! 얼굴이나 보자"라고 나에게 연락을 해 왔다. 그래서 내가 그가 묵고 있는 신만수호텔에 갔더니 윤홍준은 이 얘기 저 얘기를 돌려하다가 갑자기 난데없이 엉뚱한 얘기를 꺼냈다.

"형님, 그렇게 아글타글 돈을 벌 필요 없이 아주 간단한 방법이 있다. 형님이 남북을 잘 알지 않느냐? DJ와 김홍일 의원하고도 만났었고… 난 형님과 같은 그런 좋은 인맥이 있었으면 얼른 떼돈을 벌고 나앉았을 게다. 형님! 형님이 야당과 북한이 관련된 자료를 좀 구해 달라. 이 호텔 건너편 홀리데인 호텔에 지금 조선일보 기자가 30만 달러를 가지고 와서 형님을 만나자는 데 먼저 30퍼센트 주겠단다."

그가 얘기를 꺼내는 순간 나는 대번에 손가락질하며 쏘아붙였다.

"야! 이 미친 놈아. 너 환장했나? 이제 보니 너 영 이상한 자식이구나. 나를 잘 모르는가본데 난 그런 너절한 일은 안 한다. 야! 너 놈 혹시 CIA 끄나풀이 아니냐?"

내가 정색을 하며 갑작스레 호통을 쳐대자 윤 씨는 아무런 일이 없었던 모양으로 이내 태도를 바꾸면서 농담이라고 둘러댔다.

"야 임마, 농담이라도 어디서 그런 농담을 해대니. 야! 이 자식아 다시는 나의 사무실에 발길도 들여놓지마. 얼씬도 하지 말란 말이야."
"형님, 정말 농담이란 데두요. 내일 출장 가는 동생보고 왜 이리 난립니까?"

그때 그 일이 있은 후 나는 윤 씨가 좀 이상하다싶어 만나주지 않고 일부러 피했다. 그러자 윤 씨는 거의 하루가 멀다하게 나의 사무실로 전화를 걸어와 나를 찾았다고 직원들이 전했다.

그런 일이 있은 지 좀 지난 어느 날, 내가 밖에서 일을 보고 사무실에 돌아오니 윤 씨가 직원들하고 점식 식사를 하고 있었다. 책상 위에 수북히 쌓여있는 음료수들이 윤 씨가 사온 것이라고 직원들이 말했다.

나를 본 윤 씨는 도시락을 먹다말고 번쩍 일어나며 젓가락을 든 채로 능청스레 말을 건넸다.

"형님! 농담 한번 한걸 가지고 왜 이렇게 화를 내십니까? 형님답지 않게. 형님도 농담을 잘하면서…."

"야! 똑똑히 들어라. 그게 어디 농담이야? 농담도 분수가 있는 법이지. 이제 보니 네놈이 정말로 뻔뻔스러운 놈이구나. 영 말이 아니네. 허우대 값이나 바로 하란 말이야."

그후 나는 직원들 앞에서 "재미교포가 재미없다는 말이 있다는데 윤홍준이를 조심들 하라"라고 당부한 적이 있었다.

그러나 그 후에도 윤 씨가 그냥 아무런 일이 없었던 듯 내 사무실에 다니면서 우리 직원들에게도 잘해주니 또 마음 한 구석에는 다 같은 교포라 여태껏 형님 아우하며 지내던 사이인데 생각하고 괜히 내가 너무 과민 반응하는 것이 아닌가싶어 후에는 그일을 까막케 잊어버리고 말았던 것이다.

그런데 아니나 다를까 석달 쯤 지난 오늘에 와서 배은망덕한 윤홍준이 '양심선언'이라며 기자회견을 했다니 직감적으로 여기엔 필경 커다란 음모가 도사리고 있는 것 같은 느낌이 들었다.

삽시간에 무수한 의문들이 꼬리에 꼬리를 물고 일어났다. 난 본능적으로 자기를 보호해야겠다는 생각게 단숨에 8쪽짜리 '반격문'을 써 내려갔다. 내용은 이렇다.

'진실을 외치고 싶다
- 윤 씨의 터무니없는 음모에 반격하며'

"12월 11일 오후, 날벼락과 같은 엉뚱하기 짝이 없는 윤 씨의 사건을 접한 나는 하도 어이가 막혀 말조차 나오지 않는다. 너무나도 허황하고 엉터리없어 분노에 앞서 폭소가 저절로 터져 나올 뻔했다. 실로 소도 웃다가 꾸러미가 터질 일이 아닐 수 없다.

망아지 제 어미 찾아 매~매하며 이곳저곳 헤매면서 날뛰듯 북경과 남북한을 쉴새 없이 쏘아 다니더니 이제는 그만 꼬리가 잡혀 뒤가 켕겼던지, 아니면 보이지 않는 그 음모집단에 의해 원격조정을 당했던지 이렇게 급급하고 어설프게 '양심선언'이라고 내놓은 것을 보니 정상인으로서는 도무지 이해가 가질 않는다.

회색곰의 가죽을 뒤집어쓴 강아지 마냥 나 앞에서 늘 '형님! 형님!' 하며 촐랑거리던 윤 씨, 지난달 말 북경에서 나와 갈라질 때까지만 해도 나와 사무실을 크게 내고 큰 장사를 벌여 보자며 약속을 철통같이 해놓고 간 윤 씨가 오늘 갑자기 180도로 홱 돌아 이처럼 총망하게 서두른 까닭은 그 배후에는 기필코 거대한 음모집단이 도사리고 있을 것이다!

나는 나의 깨끗한 인격과 명예를 위해 또 나의 친구들인 만백우, 주문의 결백을 부르짖으며 윤 씨의 왜곡되고 터무니없는 모욕적인 돌출행동에 강렬한 항의를 표하며 단호하게 반격한다!

그렇다면 내가 아는 윤홍준은 어떤 사람인가?

내가 윤 씨를 알게 된 것은 아마 1995년 여름으로 기억된다.

그때 나는 캐나다 바이어를 통해 북한과 옷 임가공사업을 해 왔으며 겸하여 북한의 약들을 중국을 통해 한국에 수출하는 무역업을 해 왔었다.

어느 날, 자금 결재를 하려고 북경의 어양호텔에 투숙한 북한 파트너를 만나러 갔었는데 거기서 파트너인 북한인 박 씨 부부를 통해 북한의 한 선박회사 캐나다대표라는 김철용과 미국교포라는 윤홍준을 소개 받게 되었다.

▲ 윤홍준 기자회견문에 대해서 필자가 직접 작성한 반박문의 일부.

보아하니 그들은 전에 서로 잘 아는 사이인 것 같았다. 박 씨 소개에 따르면 윤 씨는 나이(그때 소개에 의하면 윤 씨의 나이는 28세)는 어리지만 재력가인 아버지의 후광을 입어 전도가 양양한 젊은 사업가로 맹활약을 하고 있다고 했다. 1993년부터 중국 하남성 정주시에 미화 550만달러를 투자해 부동산업을 하고 있고, 15만 달러 어치의 북한 우표를 미국에 들여가 제1차 북한우표전시회도 열었는데 그 반응이 아주 좋았다고 했다.

옆에서 가만히 듣고 있던 윤씨도 입을 열었다. 1969년 어릴 때 미국으로 이민 가는 바람에 한국말이 서툴다며 우리들이 말을 좀 빨리 하랄 것 같으면 귀에 손을 대는 시늉을 하면서 말의 뜻은 대강 알아 듣겠다고 했다. 첫 인상에 훤칠한 키에 듬직하

▲ 윤홍준 기자회견문에 대해서 필자가 직접 작성한 반박문의 일부.

게 보이는 체격의 윤 씨가 성격마저 서글서글해 믿음직스러 웠고 유명브랜드의 옷차림새만 봐도 재력가의 아들로 비춰지기엔 손색이 없었다. 그는 이전에 북경엘 자주 왔었는데 주위에서 허 사장이 의리의 남자라는 얘기를 많이 들어왔다면서 나에게 호기심을 보였다. 자기도 비록 나이는 어려도 미국에서 의리에 살고 의리에 죽는 의리파라며 다 같은 교포끼리 이젠 나를 형님이라 부르겠다며 비위좋게 넉살을 떨었다. 한날 한시에 태어 나지 못했을 망정 배신 같은 것은 절대로 생각해 본 적이 없다면서 덧붙였다. 꼭 마치 중국 소설 수호전에서 108명 두령들이 처음 만나 결의를 맺는 기분이었다. 그는 또 "형님! 앞으로 돈 같은 건 걱정하지 않으셔도 됩니다. 지금 서울 근교에 아버지 명의의 산이 있는데 그린벨트 때문에 잠시 묶여있지만 나머지 부동산 5개 중 하나를 연말에 처분해서 중국을 발판으로 본격적으로 사업해 볼랍니다. 형님의 중국 관계를 믿으면 되겠지요?"

당연히 기분이 나쁠 리가 없었다. 그의 장구한 설명을 들으면서 초면인 윤 씨가 더욱 그럴싸하게 보였다.

"미국에서는 어떤 사업을 하고 있는가"고 관심조로 되물었더니 이스턴이라는 큰 컨설팅회사를 운영하고 있는데 필리핀의 수빅만 개발과 종이공장을 가동중이라고 한다. 들을수록 점점 호감이 갔다. 다 초면인데 주인인 내가 저녁식사라도 잘 대접해야겠다 싶어 호텔 앞에 있는 동원식당에 가자고 하니

깐 윤 씨는 동생인 자기가 기어이 한턱내겠다며 북경에서도 최고로 비싼 한 음식점으로 우리를 안내했다.

그날 저녁 윤 씨는 2차까지 보기 좋게 우리를 대접했다. 처음 만남이라지만 극진하게 형님 대접을 해주는 그의 처사를 두고 나는 큰일하는 놈은 뭔가 달라도 다르구나 생각하며 강한 첫 인상을 남겼다.

그 후부터 윤 씨는 북경에 올 때마다 나는 물론 회사직원들에게까지도 선물을 빼놓지 않고 챙겨왔으며 밥도 제법 잘 샀었다.

1996년 9월, 북한의 나진-선봉특구에서 투자설명회가 열리게 되었다. 제한적인 범위 내에서나마 북한이 나진-선봉지구를 특구로 개발하기 위하여 투자설명회를 개최하는 최초의 이벤트사업이었다. 북한으로서는 조심스럽게 개방을 위하여 첫 발을 내디디는 사건이었다.

그때 한국정부에서도 열을 올리며 많은 기업들이 신청하여 남북한의 경협이 거의 이루어지는가 싶더니 강릉사건 때문에 한국기업들의 초청이 하루아침에 무산되게 되였다.

큰공을 들여 준비했던 북한으로서도 난감하기는 마찬가지였다.

꿩 대신 닭이라던가.

한국기업 대신 외국투자가들을 망라한 해외교포로 초청대상이 바뀌어버렸다. 그래서 윤씨의 첫 번째 방북이 쉽게 이루어 졌을지도 모른다.

좌우간 이때 윤 씨가 갑자기 나의 사무실에 나타났다.

"형님, 내가 재미조선인경제연합회 회원이 됐다. 이번 설명회에 참석 못하는 많은 한국기업들이 미국국적인 나를 활용하려고 하는데 이번 기회를 놓치지 않게 형님께서 한번 크게 힘을 써달라. 나도 꼭 투자하겠다"라며 졸라댔다.

당시 윤 씨가 내놓은 프로젝트가 바로 필리핀에 있는 종이공장을 북한에 이전하겠다는 것이었다.

듣기에도 타당성이 있어 보여 같은 건물에 사무실을 쓰고 있던 안면이 있는 북한 대외경제위원회 북경대표부 대표를 소개해 줘 그때 방북이 쉽게 이루어지게 되었다.

3일간의 투자설명회에 참가하고 돌아온 윤 씨는 나의 사무실에 와서 한다는 소리가 "나진-선봉은 현재로선 투자가 시기상조다. 어떻게 평양이나 남포 같은데 가서 투자할 방법이 없겠는가"라며 "필리핀 측에서는 이미 해외투자준비가 거의 마무리 단계인데 까딱하다가는 다 된 죽에 재 뿌리는 격이 될 것 같다"라며 안달복달 나를 또 졸랐다.

그래서 내가 평소 안면이 있던 대북한거래를 총괄하는 광명성총회사 북경대표부에 의뢰하여 윤 씨의 사증이 나오기를 기다리고 있었다.

그런데 글쎄 윤 씨가 미국시민권자가 아니라서 한국인과 다름이 없는 윤 씨의 평양 초청은 안 된다는 답이 왔다. (중국에서 살아왔던 나는 그때 영주권이니 시민권이니 하는 것을 처음으로 알게 되었다.) 그래서 윤 씨의 평양 방문이 무산되게 되었다.

내가 윤 씨에게 네가 미국 국적이라던 것이 어떻게 된 문제인가며 따져 묻자 그는 난처한 듯 즉답을 피하며 얼버무려버렸다. 나도 이에 별 관심이 없어 개의치 않고 이내 잊어버리고 말았던 것이다.

윤 씨를 알게된 지도 시간이 꽤 되었는데 그는 나에게 부탁만 잔뜩 시켜놓고 성사된 일이 하나도 없었다. 또 매번 만날 때마다 매너 좋게 다가오니 별로 수상하다는 느낌은 하나도 들지 않았다.

그러던 어느 하루, 윤 씨가 나의 사무실에 나타났다.

어느 루트를 통해 방북하고 왔는지 개선장군 마냥 웃으며 여권 속에서 불쑥 북한사증을 꺼내 보이며 비아냥 조로 말한다. 형님이 아니래도 북한에 갈 수가 있다는 것이었다.

그는 벌써 여러 번이나 북한에 갔다왔다고 자랑스레 말했다.

내가 윤 씨를 알게 된 경위는 대개 이러했다.

그러던 윤 씨가 오늘에 와서 갑자기 나를 간첩으로 엮어 터무니없이 매도하니 어이가 없어진다.

죽은 휘저어 놓은 자가 먹어야 하듯이 윤 씨는 어느 때 가서나 꼭 응당한 징벌을 받게 될 것이다.

진실은 꼭 밝혀져야 하고 또 꼭 밝혀질 것이다!"

이렇게 다 쓰고 나니 벌써 새벽이 훤히 밝아왔다. 아버님께서는 "뭐가 그렇게 바빠 날까지 새면서 일하는가"라며 "건강 조심하라"며 나무람이시다.

아침을 대충 때우고 쏟아져 내리는 잠을 가까스로 참으며 사무실로 향했다. 이날은 캐나다와 한국에서 온 바이어를 모셔놓고 임가공건 때문에 최종계약을 해야하기 때문이었다.

점심까지 거르며 가격 싸움을 하고 있는데 황 경리가 나를 찾는다. 조 국장이 보냈다는 국민회의선거대책본부 사람 둘이 막 도착해서 식당에서 나를 기다리고 있다는 것이었다.

나는 밤을 패면서 써두었던 '반격문'을 챙긴 후 만백우와 그의 비서 주문을 급히 동원식당으로 불렀다.

국민회의선거대책본부에서 파견했다는 양 씨 일행은 우리를 보자마자 수인사를 하기 바쁘게 가방에서 녹음기부터 꺼냈다. 옆에 있던 주문이 미리 준비한 성명서를 꺼내 읽었고 내가 통역을 한 후 나의 자필반격문과 주문의 성명서를 그들에게 주었다.

"나는 북경 X회사의 대표인 주문이라고 한다. 만백우 씨의 개인 비서이기도하다. 1996년 3월 친구인 허동웅이를 통해 조만진 선생을 알게 되었다. 그때 중국 구화산에 있는 김교각 스님의 등신불을 한국에 전시하는 일을 도와 추진하게 되었는데 조만진 선생은 그간의 우리의 노력에 보답하기 위하여 우리들을 한국으로 초청하였다. 방한기간에 우리 일행은 김대중 선생과 김홍일 의원 이하 여러 인사들의 따뜻한 대접을 받았고 한국에 좋은 인상을 남기게 되었다. 윤홍준의 터무니없는 날조는 우리를 격분케 하며 도저히 용서할 수 없다. 만일 이번 일을 두고 그 누구라도 정치적으로 악용하려고 한다면 우리는 관계법에 따라 단호하게 응당한 조치를 취할 것임을 분명히 해둔다."

정말이지 그때까지 만해도 나는 윤 씨의 배후에 권영해를 비롯한 옛 안기부가 막후지휘를 하면서 범죄행위를 저질렀을 것이라곤 백 번 죽었다 깨나도 상상조차 할 수가 없었다.
난생 처음으로 느끼는 어쩔 수 없는 무력감이 온몸을 휘감았다.

3. 안기부와 윤홍준의 커넥션

'상황사업'이란 암호명이 붙은 사연

안기부 203실 실장인 이대성이 검찰조사에서 진술한 데 따르면 윤 씨와 안기부의 만남은 김영삼 정부의 남북경협이 활기를 띠던 1996년 2월 11일, 재미교포 윤홍준이 안기부 감찰실에 "며칠 전 캐나다 토론토에서 대북교역 상담차 만난 북한 대흥선박회사 직원 김철룡이란 사람이 수상하니 조사해 달라"라는 간첩신고 전화를 걸면서 윤 씨와 안기부의 첫 번째 접촉이 시작되었다고 한다. 그 후 윤 씨가 허에게 들었다는 말이 구체성을 띠자 '국민회의 조만진 국장과 중국 조선족 허동웅-북'과 관련된 자료엔 '상황사업'이라는 암호명이 붙었다.

권영해 안기부장은 1997년 2월 203실이 보관하고 있던 상황사업 파일을 103실(대공수사실)로 이첩토록 지시했다. 대공수사실이 수사에 착수한 것은 황장엽 망명이 발표되던 날(1997년 2월 14일)이였다고 한다. 이 같은 윤 씨와 안기부의 커넥션은 김대중 정부가 정권교체를 이루어 낸 지 석 달이 지난 1998년 3월 3일 신임 안기부장 이종찬에 의해 처음으로 세상에 알려지게 된다.

권영해 전 안기부장이 검찰 조사에서 한 안기부와 윤홍준 커넥션 관련 진술내용의 일부를 살펴보자.

> 검사 : (1997년) 12월 7일 이대성 실장에게 (기자회견) 공작을 지시하면서 메모와 함께 공작금으로 100달러권 지폐 5만 달러가 들어있는 노란색 행정 봉투를 준 사실이 있는가요?
>
> 권영해 : 사실입니다.
>
> 검사 : 아말렉 공작 계획 메모지와 함께 돈 5만 달러를 이 실장에게 주었는데 언제 어디에서 위 돈을 준비하여 준 것인가요?

권영해 : 저의 공관에 금고가 있고 그 안에 부장이 사용하는 특수공작예비비 중 일부가 항시 보관되어 있던 돈 중 5만달러를 꺼내 주었습니다. 이 실장에게 기자회견을 하기로 1차 방침을 확정하였을 때입니다. 2층에 있는 금고에서 돈을 꺼내 봉투에 넣어주었던 것으로 이대성이 오기 전에 미리 준비하였던 것은 아닙니다.

검사 : 메모지에 무엇이라고 써 이대성 실장에게 주었는가요?

권영해 : 첫 번째로 기억나는 것이 '윤홍준의 의지를 다시 한번 확인하라'는 것과 '북경에서 윤홍준의 허동웅으로부터 신변 보호에 각별히 유의하라'는 내용이었고 나머지 부분은 기억이 나지 않습니다."

검사 : 이대성의 진술에 의하면 '아말렉'이라는 사업명과 일정, 금일부터 착수할 것이라고 기재된 메모지였다고 하는데 사실인가요?

권영해 : 맞습니다. 시간이 없기 때문에 금일부터 착수하라고 했고 나와 이대성이 모두 기독교 신자였기 때문에 '아말렉'이라는 사업명을 써주었습니다.

검사 : 메모지를 미리 작성하여 가지고 있었던가요, 아니면 이 실장과 의논하는 자리에서 메모지를 작성하여 준 것인가요?

권영해 : 미리 메모하고 있던 것인데 이대성 실장과 의논하는 과정에서 견해가 다른 부분은 수정해 준 것으로 기억됩니다.

검사 : 1997년 12월 13일, 이대성 실장에게 윤홍준 기자회견 대가로 지급하라며 20만 달러를 준적이 있지요? 그 경위를 말하시요.

권영해 : 이대성 실장이 선거 전에 기자회견 추진경과를 보고하면서 '윤홍준이 대북사업 기반이 없어지는 손해를 입게됨으로 그 보상을 해주어야 되지 않겠느냐' 고 하였습니다. 제가 '10만 달러면 되겠느냐' 고 하니까 이대성 실장이 '10만 달러 가지고는 부족할 것이다' 라고 하여 우선 20만 달러를 주고 앞으로 다른 사업을 도와 줄 수 있는 방법이 있으면 추후 다시 생각해 보라고 한 것입니다."

검사 : 20만 달러는 어디에서 마련한 것인가요?

권영해 : 안기부가 갖고있는 특수공작 예비비에서 지급하였습니다.

검사 : 특수공작 예비비는 무엇에 사용하는 예산이며 회계처리는 어떻게 하는가요?

권영해 : 안기부 업무중 특성상 세세하게 항목을 밝힐 수 없는 부분이 있는데 그 항목을 밝히지 않고 사용할 수 있는 것이 특수공작 예비비입니다. 그 회계처리

> 는 일반회계와 달리 지출되고 근거서류를 비치할 필요가 없습니다.

검사 : 전에 아말렉사업 추진비로 지급한 5만 달러와 같은 성격의 지출인가요?

권영해 : 그렇습니다.

검사 : 선거를 앞두고 기자회견을 시킨 대가로 25만 달러를 지출한 것은 안기부 본연의 업무수행이라고 볼 수 없는데 결국 국가예산을 유용한 것이 아니가요?

권영해 : 25만 달러 가운데 윤홍준에게 지급된 돈은 21만 9000달러이며, 나머지 3만 1천달러는 이대성 실장이 환전해 윤홍준 변호사 선임료로 2천만 원, 안기부직원 이재일 변호사 선임료로 1천만 원을 지불했습니다. 기자회견이 개인의 목적을 위한일이 아니고 앞서 설명한 대로 정치권에 대한 경고를 위하여 안기부에서 해야 할 업무로 생각하고 예산을 집행한 것입니다.

검사 : 20만 달러는 언제 어떤 경위를 통해 지급하였는가요?

권영해 : 20만 달러가 윤홍준에게 돌아간 것은 기자회견 후였습니다. 홍콩으로 외교행랑을 통해 윤홍준이 홍콩에서 받도록 하였다는 내용을 이대성 실장으로부터 보고받았습니다. 20만 달러를 준 것은 공

작사업의 폐기라는 의미가 있는 것이지 기자회견 자체의 대가로 준 것은 아닙니다. 보상차원 및 그동안 상황사업 협조자로서 보상의 뜻을 담아서 준 것입니다. 또한 윤홍준으로부터 더 이상 이 문제를 거론하지 말라는 의미도 있었습니다. 기자회견을 안기부가 시켰다는 것을 거론하지 말라는 것이 아니라 윤홍준이 허동웅과 관련된 부분을 더 이상 발설하지 말라는 의미에서 주라고 한 것이었습니다.

검사 : 그러면 그동안 세 차례에 걸쳐 기자회견으로 공표한 마당에 이제 와서 허동웅 관련 부분을 발설하지 말라는 의미였다는 피의자의 주장은 상식에 맞지 않는 괴변이 아닌가요?

권영해 : 허동웅 관련 부분만 발설하지 말라는 것이 아니라 '상황사업' 전반에 걸쳐서 더 이상 발설하지 말라는 의미로 준 것이라는 뜻입니다.

검사 : 윤홍준이 자신이 들은 것으로 하면서 기자회견을 할 경우 아무런 문제가 없다는 착상은 피의자 혼자서 생각한 것인가요, 아니면 법률전문가 등으로부터 조언은 받은 것인가요?

▲ 권영해 전 안기부장이 북군사건과 관련해 법정에 출두하고 있다.

권영해의 검찰 진술

권영해 : 나 혼자 생각한 것이지 조언을 받은 것은 아닙니다.
검사 : 기자회견 추진과정에 대하여, 즉 '아말렉' 공작 시행 내

용에 대하여 이 실장으로부터 보고를 받는가요?

권영해 : 수시로 진행되는 상황을 보고받았습니다.

검사 : 북경 기자회견 결과는 어떻다고 보고하던가요?

권영해 : 특파원들은 본사로 송고하였지만 본사에서 기자회견 내용의 진위를 확인할 수 없는 데다가 선거가 임박하여 보도하지 않았다는 내용이었습니다.

검사 : 북경 기자회견이 실패하였다는 보고를 받고 추가로 도쿄에서 기자회견 하도록 지시한 것인가요?

권영해 : 당초 일본에서도 기자회견을 하도록 계획되어 있었습니다.

검사 : 일본에서의 기자회견 결과는 어떻다고 보고받았는가요?

권영해 : 중국처럼 보도가 되지 않았다는 보고를 공보관실로부터 받았습니다.

검사 : 1997년 2월경, 203실에서 대공수사실에 자료를 이첩하였으나 대공수사실에서 허동웅이 간첩이라는 뚜렷한 혐의를 잡지 못하고 오히려 그 과정에서 보안사고가 발생하여 수사첩보가 새어나가 윤홍준이 허동웅·조만진으로부터 따돌림을 받고 있다는 보고를 받은 바 있는가요?

권영해 : 그동안 203실에서 수집된 첩보를 근거로 1997년 2월경 대공수사실에 혐의점에 대하여 수사토록 지시하였는데 기록이 이첩된 지 일주일도 안 돼 수사기밀이 누출되어 국민회의 측이 조만진에 대하여 수사하고

제2부 드러난 공작의 실체

있는 사실을 알아버렸기 때문에 증거확보에 실패한 것입니다.

검사 : 그때부터 허동웅에 대한 첩보수집 활동은 사실상 중단 상태에 있었지?

권영해 : 그렇습니다.

검사 : 그런데 갑자기 1997년 8월경 허동웅이 간첩이라는 것과 국민회의 측 인사의 북한인사 접촉자료를 찾으라는 지시가 203실을 통하여 김은상 처장 등에게 하명되었는데 그 이유와 경위는 무엇인가요?

권영해 : 1997년 7월경으로 기억됩니다. 특수첩보(통신첩보)가 접수되었습니다. 조만진이 허동웅에게 8월에 오기 전에 '북한에 들어가 상황버섯을 가져 오라'고 지시하는 내용이 확인되어 김은상 처장을 북경에 급파하여 증거를 수집하라고 하였던 것입니다.

검사 : 이재일 과장이 수차에 걸쳐 북경을 오가며 증거를 찾자고 하였으나 실패하였고, 김은상 처장이 직접 1997년 10월 18일에 북경에 가서 2주 동안 증거를 확보하고자 하였으나 실패하였고, 1997년 11월 13일 주만종 팀장이 북경으로 건너가 11월 27일까지 증거확보에 노력하였음에도 불구하고 그와 같은 노력이 모두 실패한 것은 사실이지요?

권영해 : 누가 언제 북경에 갔는지는 모르나 '증거 확보 시도

가 실패하였다'라는 보고를 받은 것은 사실입니다. 윤홍준 보고에 의하면 허동웅 사무실의 금고에 북한으로부터 지령받은 내용들이 들어있는 것 같다는 것입니다. 그 금고에 들어 있는 북한지령문을 입수하려고 노력한 것인데 24시간 감시하고 있는 데다가 캐비닛이 쇠사슬에 연결돼 있고 비상벨도 설치되어 있는 등 접근이 어려워 실패했다는 보고를 받았습니다.

검사 : 위와 같이 허동웅이 북한간첩이라는 사실을 입증할 아무런 증거가 확보되지 않은 상태에서 윤홍준으로 하여금 기자회견을 하도록 이대성 실장에게 지시한 이유는 무엇입니까?

권영해 : 허동웅이 북한간첩이라는 물증을 확보하는 데는 실패하였으나 윤홍준의 보고말고도 다른 공작루트를 통하여 허동웅이 북한간첩이라고 할 수 있는 정도의 첩보가 있었습니다. 저의 공작비밀과 관련된 부분이기 때문에 정확히 말씀드리기는 곤란합니다.

4. 검찰조사

1998년 2월 13일 오전, 조 국장이 사무실로 전화를 걸어왔다. 윤 씨가 체포되었다며 검찰에 와서 조사를 받으러 한국에 왔다가라는 것이다. 비자는 영사관에 다 얘기해 놨으니 여권만 갖고 가면 된다는 것이었다. 이날은 마침 국민회의가 '공직선거법 위반 및 명예훼손' 혐의로 기소됐던 윤 씨가 남부지청에 구속된 지 하루 만이었다.

조 국장의 전화를 받고 나는 많은 고민을 했다. '북풍'에 시달렸던 나는 한국이라는 말만 들어도 지겹고 신물이 날 정도였다. 너무나 넌덜머리가 났던지라 한국이라는 나라에는 아예 다시는 발도 들여놓기 싫었다. 그런데 갑자기 검찰에 와서 조사를 받으라니? 중국 땅에서는 공안국 문턱에도 가본 일이 없었던 나로서는 만감이 교차되었다.

2월 14일, 나는 천근같은 무거운 마음으로 한국행 비행기에 몸을 실었다. 수없이 오고가 익숙하던 짧은 거리임에도 이번 따라 그렇게 지루하게만 느껴졌다.

착잡한 심정으로 김포공항에 내리니 어쩐지 썰렁한 느낌이 들었다. 조용히 짐을 찾고 나와서 혹시 누구라도 마중 나오지 않았나 싶어 두리번두리번 주위를 아무리 살펴봐도 아는 사람이라곤 한 명도 없었다. 공중전화로 조 국장에게 전화를 걸었더니 남부지청이라는 곳에 오면 된다면서 퉁명스럽게 말하곤 전화를 끊었다. 대번에 괘씸한 생각이 들었다. 중국 한 끝에서 나를 오라고 부를 때는 언제고 이제 와서 이런 식으로 나를 대하니 당장 북경으로 되돌아가고 싶은 생각이 굴뚝같았다. 처음으로 낯설고 생소한 남부지청에 찾아가려니 나도 모르게 가슴이 두근거렸다.

영등포역에서 내려 택시를 갈아타고 남부지청이라는 곳을 찾아갔더니 대문 앞에서 조 국장이 엄숙한 표정을 짓고 나를 기다리고 있었다. 오랜만에 만나보는 조 국장이었다. 그는 어느새 머리카락이 희끗희끗해졌고 다정다감했던 이전의 상냥한 모습은 좀처럼 찾아볼 수가 없었다. 이게 얼마 만의 만남인가! 그런데 조 국장은 반가운 기색이라고는 조금도 없이 자기는 방금 검찰조사를 받고 나오는 중이라며 빨리 2층에 있는 김모 담당 검찰실로 올라가 보란다. 조 국장이 시키는 대로 한숨에 2층에 달려올라갔다. 내가 중국에서 온 허동웅이라고 자기소개를 하니 김모 검사는 물 한컵을 부어주고는 바로 신문에 들어갔다.

"진술인은 허동웅인가요?"
"예, 그렇습니다."

처음에는 김 검사가 이런 식으로 나에 대한 학력과 경력 등 기본 사항을 묻고 난 뒤 윤 씨의 기자회견 내용을 가지고 차례로 묻기 시작했다.

> 검사 : 진술인은 1997년 1월 인천의 한 술집에서 조만진, 윤홍준, 김광석, 손용옥 등이 있는 자리에서 '이제

지하당 활동을 시작할 때가 왔다'라고 말하였고, 그러자 조만진이 황급히 진술인의 입을 막은 사실이 있는가요?

허동웅 : "그런 말을 한 사실이 없고 조만진도 그런 행동을 한 사실이 없습니다. 다만 그들과 술을 마신 적은 있습니다."

검사 : 진술인은 윤홍준에게 '조만진 국장이 1996년 7월경 전화하여 평양에 가서 상황버섯과 당뇨병약을 가지고 오라고 했다'라는 사실이 있는가요?

허동웅 : "조만진 국장이 저에게 상황버섯을 구할 수 있느냐고 말한 것은 사실입니다. 그러나 평양에 가서 구해 오라고 한 사실은 없습니다."

검사 : 진술인은 1996년 8월 15일, DJ일산 자택에 만백우, 주문과 같이 초청되어 조찬을 같이하고 기념사진을 촬영한 사실이 있는가요?

허동웅 : "네, 있습니다."

검사 : 이 조찬에서 DJ가 진술인에게 그간의 비밀사업에 대해 노고를 치하하고 이 일은 DJ자신뿐만 아니라 당을 위한 일이니 결실을 잘 맺도록 도와달라고 부탁했다고 하는데 사실인가요?

허동웅 : "100프로 거짓말입니다. 당시 조찬은 40여 분 만에 끝났고 조찬이 끝나자 DJ는 8·15기념식에

참가한다며 바로 떠났습니다."
검사 : 진술인은 1997년 1월 24일 서울 리츠칼튼호텔에서 윤홍준에게 '김정일 장군이 가지고 있는 자금 중 일부를 금년 대선을 위해 DJ에게 제공할 것이고 이 일은 1971년 대선 때부터 매번 있었던 일이다'라고 말한 사실이 있는가요?
허동웅 : "그런 말을 한 사실이 없습니다. 그날 윤홍준을 만났는지는 모르겠습니다."

　이렇게 숨돌릴 사이도 없이 연속 서너 시간 동안 까다롭고 강도 높은 심문을 받고 나니 진땀이 저절로 났다. 김 검사는 컴퓨터를 마주하고 앉아 차분하게 타이핑하면서 심문을 했지만 윤 씨의 터무니없는 거짓말을 꼬치꼬치 캐물을 때마다 나는 분노가 치솟아 짜증마저 났다.

윤홍준과 대질심문

　창밖은 벌써 캄캄해졌다. 저녁 7시쯤 되자 김 검사는 나보고 "저녁식사는 어떤 것으로 주문할까요?"라며 된장국인가 뭔가를 배달해 왔으나 모래알을 삼키는 기분이어서 좀처럼 밥이 목구멍에서 내려가지 않았다. 배는 고프지 허기는 차지,

할 수 없이 한두 술을 뜨네 마네 하다가 한 30분 정도 지나니까 김 검사가 들어오며 신문을 계속하잔다.

또 대여섯 시간의 지루한 신문이 이어졌다. 피곤이 확 몰려들었다. 자정이 넘었을까 생각할 무렵 김 검사는 조금 후에 윤 씨와의 대질신문이 있게 된다고 한다. 난생 처음으로 들어보는 '대질신문'이라는 것이다.

김 검사의 입에서 윤 씨라는 말이 나오는 순간 나는 정신이 번쩍 들었다. 만나기만 하면 당장 때려죽이고 싶은 생각이 불뚝 치밀어 올랐다.

얼마 후 윤 씨가 내 앞에 나타났다. 대번에 전신의 피가 거꾸로 솟구쳐 흐르는 것만 같았다. 용광로 같은 분노가 부글부글 끓어오르며 두 주먹이 부르르 떨렸다. 그는 나를 보자 아무 일도 없었던 듯이 능청스레 흐물흐물 웃어대며 악수를 청한다. 정말로 어이가 없었다.

"이 개자식아, 너도 사람새끼냐! 이 뒈질 놈 새끼야!"

호통을 치며 들었던 물컵을 윤 씨에게 뿌리며 접근하려하자 검사는 진정을 하라며 말리고 나섰다. 정말로 당장에 개패 듯 속시원하게 패주고 싶었다.

윤 씨와의 대질신문이 시작됐다. 얼굴조차 똑바로 쳐다보기 싫었다. 팽팽한 분위기 속에서 나는 윤 씨의 거짓말을 조목조목 반박해 나갔다.

검찰에 잡혀 조사 받던 윤 씨는 처음에는 자기가 기자회견을

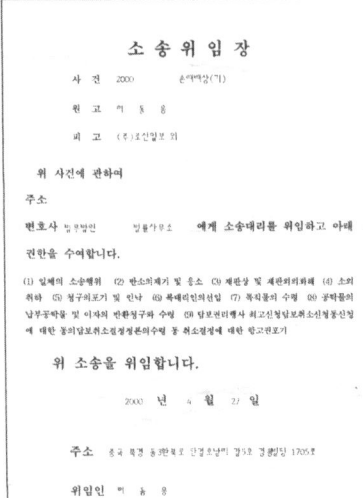

▲ 조선일보 외 대한민국 안기부를 상대로 낼 예정이었던 기소장. 100%승산이 있는 기소라며 변호사가 보상금이 10억 정도 된다고 했지만 그때 나에겐 그런 돈엔 별 관심이 없었다.

일방적으로 주도한 것이라며 시종일관 거짓말을 고집했단다. 그때까지만 해도 윤 씨 기자회견 배후에 안기부라는 거대한 조직이 베일에 가려져 있을 때였다. 이 때문인지 그렇게 엄청난 일을 저질러 놓고도 윤 씨가 아주 뻔뻔스러운 것을 보니 어딘가 '믿는 구석'이 있었던 모양이었다. 윤 씨가 뿌린 기자회견문이 '전문가의 솜씨'임을 직감한 검찰이 윤 씨를 다각도로 설득하고 끈질긴 추궁을 벌리자 스스로 무너져 내린 윤 씨는 서서히 입을 열며 자기의 직속상관인 안기부 이재일(3월 4일 구속)을 불었고, 검찰이 또 이씨의 신변을 확보해 조사를 벌이자 '주상무'(주만종 팀장 5급, 3월 6일 구속)의 실체가 드러났다. 가려져 있던 베일이 양파껍질처럼 벗겨지는 순간이었다. 그 후 수사가 일사천리로 치달아 처장 김은상

(3급), 단장 송봉선 (2급), 실장 이대성(1급), 그리고 막후 책동자인 부장 권영해까지 고구마줄기를 훑듯 줄줄이 딸아 나오게 된 것이다.

그때 소문에 의하면 윤 씨는 옛 안기부와 약속했던 나머지 자금을 받기 위해 서울에 '겁 없이' 입국했다가 검찰에 덜미를 잡혔다고 한다.

또 한 시간이 흘렀을까. 대질신문이 다 끝나고 잡혀가면서 윤 씨는 나를 돌아보더니만 자기도 피해자라며 고개를 떨구며 나보고 "형님, 잘못했습니다"라며 너스레를 떨었다. 구역질이 나서 뒤통수를 내리 갈기고 싶었다.

무려 12시간의 강도 높은 검찰조사를 받고 난 뒤 혼자서 남부지청문을 나오니 밤은 깊어 조용하기만 했다. 그렇게 아는 사람이 많았던 것 같은데 갑자기 갈곳이 생각나지 않았다. 외롭고 허전하기만 했다. 그날 밤 불빛이 가느다랗게 새어 나오는 포장마차를 찾아 한켠에 쭈그리고 앉아 어묵 몇 개로 허기를 대충 때우고 사우나에 가서 이내 곯아떨어졌다.

5. 뜻하지 않았던 안기부 조사

대통령선거가 끝난 지 석달이 넘은 1998년 3월 4일, 윤 씨와 안기부의 커넥션은 신임 안기부장 이종찬에 의해 비로소 처음으로 세상에 드러나게 되었다.

그런데 정치권에서는 여전히 그들의 정쟁판에 나를 끌어들여 마녀사냥식으로 몰고 갔다. 내가 그렇게 힘든 걸음으로 검찰에 자진 출두해 밝힐 것은 분명하게 다 밝혔음에도 나에 대한 중상과 억측들이 그칠 줄 모르고 점점 더해 갔다. 정권을 빼앗긴 신한국당에서는 아무런 증거를 제시 못하면서도 연기만 피우면서 무작정 물고늘어졌고, 정권교체를 이룬 국민회의는 국회에서까지 야당과 옥신각신 하면서 첨예하게 맞붙었다. 북경에선 특파원들의 인터뷰 세례가 빗발쳤고 서울의 일부 언론들에서는 검찰이 나를 놔주면서 서둘러 '면죄부'를 준 것처럼 자기들의 구미에 맞게 왜곡과 편파보도로 신문을 장식하면서 '북풍사건'의 본질을 호도해 나갔다.

정말로 울화통이 터졌다. 아무리 힘이 없는 해외에 사는 교포라고 해도 이렇게 막가파식으로 나오니 해도 너무했다. 또 나와 안면이 있다는 '죄' 때문에 한국의 적잖은 친구들이 영문도 모른 채 안기부에 불려가 애매하게 조사를 받았다는 말을 듣고 그들에 대한 미안한 마음이 항상 마음에 걸렸다. 도무지 이대로 가만히 앉아서 당할 수가 없었다. 비열한 정치공작을 일삼는 정상배들의 만행이 역겨워졌고 천인공노할 이런 작태를 하루빨리 온 천하에 명백히 밝혀야겠다는 의무감이 앞섰다.

계속 몇 일을 두고 고민하던 끝에 나는 직접 한국 땅에 가서 당당하게 기자회견을 하기로 작심했다. 남부지청에 출두한 지 한 달이 좀 지난 1998년 3월 28일, 나는 또 착잡한 심정으로 서울로 향했다.

내가 김포공항에 도착해 비행기 플랫트홈을 나서기 바쁘게 난데없이 기자들이 우르르 모여와 무작정 강한 플래시를 사정없이 터뜨렸다. 그들이 어떻게 알고 나왔는지 정신이 하나도 없었다. 삽시간에 공항의 많은 눈길들이 나에게로 쏠렸다. 후에 가만히 생각해 보니 전날 북경의 KBS특파원의 취재에 응한 것이 화근이 된 것이었다.

갑작스레 들이닥친 기자들의 질문공세에 부대끼며 포위망을 제치고 입국수속을 밟으려 하고 있는데 이번에는 낯도 코도 모르는 두 사람이 나의 앞을 가로막았다. 여권을 달라며 나더러 그냥 밖에 나가서 기다리라는 것이었다. 갑자기 불길한 예감이 확 들었다. 공항 밖을 서성거리고 있는 사이 느닷없이 승용차 한 대가 내 앞에 멈춰서더니 사람 셋이 내리며 안기부에서 나왔다는 것이었다.

"아니, 안기부!"

(기자회견 하러 왔는데 난데없이 안기부가 웬 안기부인가!)

안기부라는 말에 대번 고압선에 감전되듯 화들짝 놀랐다. 가슴이 철렁했다. 말로만 들어오던 안기부가 드디어 내 앞에 나타난 것이었다. 나를 간첩으로 몰았던 안기부가 말이다.

조금 진정을 하고 담배 한 대를 꺼내 물었다. 오만 가지 생각이 다 들었다. 순간적으로 별의 별 생각이 다 떠올랐다. 악명 높은 남산 정보부, 김대중 납치사건 등 온갖 못된 짓만 해오던 안기부의 만행들이 영화필름 마냥 머리를 스쳤다.

그들이 시키는 대로 차의 뒷좌석에 올라탔더니 두 요원이 잽싸게 나의 양옆에 갈라 앉았다. 표정도 없었다. 어디로 가느냐고 물으니 가보면 안다는 것이었다. 꼭 죄수가 수인차에 끌려가는 듯한 이상하고 묘한 느낌이 들었다.

포장길을 한참 달렸을까. 다리 몇 개를 건너고 으슥한 굽이돌이에 다다르니 승용차 한대가 도로 옆에서 우리를 대기하고 있었다. 차를 바꾸어 타랬다. 마치 첩보영화에서나 보아왔던 무시무시한 장면들을 연상케 했다. 차가 또 한참동안 시내를 달리다가 산길을 돌더니 철갑모자를 꾹 눌러쓴 군인들이 먼발치에서 보였다. 한 요원이 나보고 고개를 숙이고 잠자코 있으란다. 숨을 죽이고 차창 밖을 두리번두리번 곁눈질해 보니 나무와 숲이 우거지고 바리케이드가 있는 도로를 뱅뱅 에돌더니 드디어 웅장하고 거무칙칙한 건물에서 차가 조용히 멈춰 섰다. 땅거미가 지고 주위는 쥐 죽은 듯이 조용했다. 대한민국 안기부 청사였다.

안기부의 조사는 치밀했다. 안기부에서 주는 헐렁한 옷을 갈아입고 어릴 적에나 신어봤던 고무신을 바꾸어 신으니 세밀하게 몸 검색을 샅샅이 했다.

그날 저녁부터 나는 연속 2박 3일 동안이나 긴 밤을 패가며 검찰조사 때보다 더 엄청난 분량의 밀도 짙은 조사를 받았다.

수사팀도 여러 번 바뀌면서 피곤할 정도로 질문을 하고 확인조사를 거듭했다. 온 몸이 지긋지긋해나서 생각 같아선 빨리 조사를 받고 뛰쳐나오고 싶었다. 당장 북한에 보낼 원자재들을 보내야겠는데 나를 애타게 기다리고 있을 한국의 파트너들 때문에 여러 가지 걱정이 태산 같았다.

끊었던 담배도 하루에 10곽을 더 피운 것 같다. 갈증이 얼마나 났던지 2리터 짜리 콜라병에 담긴 물을 한 열 몇 병 정도는 더 마신 것 같다. 조서받은 내용을 베끼는 데만 반나절은 더 걸린 것 같다.

처음 안기부 청사에 발을 들여놓을 때만 해도 무시무시하고 겁도 났지만 시간이 흐르면서 되려 홀가분해지는 느낌이었다. 하기야 아무 죄도 짓지 않은 내가 주눅이 들 일이 하나도 없었다. 조사를 받는 내내 나는 차분하고 당당했다. 밤에는 잠이 오지 않아 연필돌리기를 배우고 익혔다.

2박 3일간의 수사를 다 마치고 나서 간부인 듯한 한 요원에게 "내가 간첩 같으냐"라고 물었더니 "당신 같은 사람은 성격 때문에 간첩을 시켜도 제대로 못해낼 것 같다"라며 피식 웃었다. 나도 멋쩍게 웃이버리고 말았다.

기자회견으로 일약 '유명세'

3월 30일 오후 5시 50분, 나는 기자회견장소인 여의도 맨하턴호텔 커피숍에 도착했다. 조금 앉아 있노라니 식은땀이 쫙 흐르면서 목덜미가 뻣뻣해졌다. 이제 까다로운 기자들을 혼자서 상대할 것을 생각하니 갑자기 온 몸이 후끈후끈 달아올랐다. 웨이터에게 얼음 한 통을 주문해 두 줌을 움켜쥐고는 옷 속에 넣었다. 달아올랐던 몸이 조금은 식어지는가 싶었다. 마음을 다잡고 11층에 있는 회의실 같은 장소에 올라가니 빽빽이 앉은 기자들이 술렁거리기 시작했다. 카메라가 작동하고

▲ 필자는 1998년 3월 30일 여의도 맨하턴 호텔 커피숍에서 기자회견을 열고, 윤홍준의 폭로로 시작된 북풍사건의 전모에 대해 설명했다.

내 옷에 마이크를 끼워주느라 야단법석들이다. 명색이 기자회견인 데도 내 앞에 책상 한 개만 덩그러니 놓여져 있을 뿐 물 한 컵도 없었다.

"지난 대선 기간 중 윤 씨는 도둑고양이 마냥 기자회견이랍시고 바람처럼 사라졌지만 저는 오늘 당당하게 여러분들 앞에 나서게 되었습니다."

이렇게 말머리를 떼면서 내가 북경에서 특파원들에게 돌렸던 '반박문'을 읽어 갔다. 기자들의 날카롭고 까다로운 질문세례에 답변하면서 한 한 시간 동안 마치고 나니 안도의 숨이 확 나왔다.

이튿날, 조간신문을 사서 들었다. 언론 때문에 무명인이던 내가 일약 '유명세'를 타게 된 것이다. 신문내용을 보니 언론사마다 제가끔 자기 구미에 맞게 써버렸다. 한국 언론들의 현실을 또 한번 피부로 느끼게 되었다.

그때로부터 20여 일이 지난 4월 25일, 나는 이번 사건에 연루되었던 친구 주문과 동원식당의 황 경리와 함께 대검찰청에 자진 출두해 마지막으로 보강조사를 더 받았다. 그 당시는 안기부의 만행이 백일하에 속속들이 다 드러나 '이대성 파일'이요 뭐요 하며 한국 정계가 들끓으며 시끄러운 데다가 안기부의 수장임을 자랑하던 권영해가 검찰의 조사를 받던 도중 과일칼로 할복자살을 하는 소동을 일으켜 또 한번 정국을 강타할 시점이었다.

그때에도 우리는 윤 씨와 대질심문을 벌였다. 그렇게 기고만장해대던 윤 씨는 포승줄에 묶인 채로 검찰실로 들어오면서 우리를 보자 쑥스러웠던지 "한 평 남짓한 구치소에 갇혀 있다"가 온다며 물어보지도 않은 얘기를 꺼냈다.

그때서야 윤 씨는 자기는 안기부의 속임수에 빠져들었다며 한숨을 풀풀 내쉬었다.

6. 진실은 법정에서

나는 원래 검찰과 안기부에 출두해 조사를 받는 것으로 이번 사태에서 물러나려고 마음을 먹었다. 그도 그럴 것이 이 두 곳에서 해명을 받으면 되지 구태여 법정에 출두할 필요까지 있겠는가 말이다. 신분도 한국인이 아닌 중국사람인 내가 하필이면 남의 나라 법정에 나선다는 것은 어느 모로 보나 모양새가 별로 좋을 리 없었기 때문이었다. 아니, 꼭 법정에 나서야 할 아무런 이유가 없었다.

권 씨의 재판을 며칠 앞둔 어느 날, 남부지청의 담당 검사가 직접 나의 사무실로 전화를 걸어 왔다. 내가 법정에 출석해야 할 여러 가지 이유를 장구하게 설명하면서 힘들겠지만 이번에 꼭 재판에 출두해 달라는 것이었다. 처음에 나는 딱 잡아뗐다. 아니 화까지 냈다. 이미 3차례의 조사를 받은 내가 혐의 없음이 다 밝혀졌는 데도 왜 또 법정까지 나서야 하는가 말이다.

눈이 쏟아질 때 눈을 쓰는 것은 바보짓이라고 한다. 소나기가 올 때 잠시 처마 밑에서 피해 있는 것도 나쁠 것이 없었다. 나에 대한 비난과 무수한 억측들이 빗발치고 있는 중간에 또 헤집고 나가본들 어떤 해명이 통하겠는가. 해명해 봤자 변명에 그칠 것이고!

그때 권영해 안기부장의 변호인단들은 검찰이 나에게 일부러 면죄부를 주었다며 야단법석이었다. 기어이 나를 법정에 세워 내가 어떤 말을 하는지 두고보겠다며 별렀다. 또 일부 언론에서도 내의 재판출석 여부에 촉각을 세우면서 그칠 새 없이 왜곡과 편파보도로 지면을 장식하였다. 정치판에서도 생난리였다. 한때 북한 '간첩 소탕전문가'고 자처했던 한나라당의 한 국회의원은 국회에서까지 옥신각신하면서 검찰이 북한 간첩임이 틀림이 없는 나를 풀어 주었다며 나를 매도했다. 정말로 억지생떼였다.

그때 나는 실추된 나의 명예를 회복하기 위하여 대한민국을 상대로 기소하려고 변호사들과 접촉하며 바삐 움직이고 있는 시점이었다. 무조건 이기는 송사라며 피해배상금은 약 10억 정도 된다고 했다. 나는 이 손해배상금을 받으면 앞서 기자회견에서 밝혔다시피 반은 한국의 불우이웃 돕기에 기증하고 나머지 반은 단체에 의뢰해 북한에 쌀을 보내겠다고 공언한 바 있다.

검사의 일리 있는 설명을 듣고 난 뒤 나는 차분히 생각해 보았다. 권영해의 변호인들이 엄연한 법정에서까지 온갖 괴변과 억지주장으로 안기부의 범죄행위를 정당화하며 생떼쓸 것을 생각해 보니 기가 찼다.

"악에 대하여 항의를 하지 않고 받아들이는 것은 실제로 악에 협조하는 것과 마찬가지"라는 마루틴 루터 킹 목사의 명언이 갑자기 떠올랐다.

그들과 싸워야 했다. 범죄행위에 반격하며 용감하게 끝까지 맞서야 했다. 소뿔은 단김에 빼라고 결판을 내야했다.

정정당당하게 법정에 서다

나는 오로지 대한민국 법률존엄에 대한 신임 하나만 믿고 힘겨움에도 단신의 몸으로 정정당당하게 한국 법정에 나섰다.

1998년 6월 15일, 서울지방법원 남부지원, 법원의 검색대를 지나 법정에 들어서니 법정 안은 팽팽한 긴장감이 감돌았다.

재판부를 바라보며 정면에는 권영해 전 안기부장을 비롯한 이대성 실장 등 피고인 여섯이 하늘색 수의복 차림에 포승에 묶여 고개를 푹 떨구고 앉아 있었다.

한때 서슬 퍼런 칼을 제멋대로 휘두르며 기고 만장했던 범죄자들이 아닌가?

처음으로 권영해를 비롯한 범죄집단을 정면에서 마주한 나는 그들의 초라한 모습에 구역질이 났다.

지금 내 앞에 앉아 있는 저들이 윤 씨를 꼭두각시로 내세워 희극을 벌렸던 자들이라고 생각하니 멸시와 더불어 분노가 터졌다.

좌측에는 신상규 부장검사를 비롯한 검사 세 명이, 우측에는 오제도 변호사를 비롯한 피고측 변호인단들이 자리하고 있었다. 빽빽이 들어선 방청객 사이로 경찰들이 인의 장막을 치고 있었다.

지난 15대 대선을 전후해 온 한국을 떠들썩하게 만들었었던 이른바 '북풍사건'의 재판이 시작된 것이었다.

내가 법정선서를 마치고 법정신문에 들어가기 바쁘게 범죄집단의 변호인단을 대표한 권영해의 변호사 오제도가 나를 기부터 팍 죽일 심산으로 별 상관이 없는 나의 복장부터 문제 삼으며 선제공격을 해댄다.

"증인, 넥타이부터 똑바로 매시요."

난생 처음으로 법정이라는 곳에 나서 보는 내가 긴장감과 흥분에 몸이 후끈 달아올라 꽉 졸라맨 넥타이를 좀 느슨히 풀었다고 해서 처음부터 걸고넘어지는 것이었다. 불꽃튀는 접전이 시작된 셈이였다. 참으로 흥미로운 조합이었다.

권영해는 한때 국가안보의 일선을 지휘했던 정보기관의 수장, 오제도 변호사는 1940~1950년대에 한국에서 날아가는 새도 떨어뜨렸다는 반공검사였다. 당시는 여든을 넘긴 키 작은 노인이었다. 대공분야의 선후배가 한 사람은 범죄자로, 또 한 사람은 범죄자의 변호를 맡아 법정에 함께 선 것이었다.

나는 아랑곳하지 않고 질문에 응하며 또박또박 반박해 나갔다.

갑자기 오 변호사는 또 나의 답변을 가로막으면서 자신이 묻는 말에 "예, "아니오"라고 만 대답하라며 명령조로 소리쳤다.

나는 그들을 쏘아보며 되려 언성을 높이며 일갈했다.

"아니, '예, 아니오'로만 답하라고 부른 것이면 내가 왜 하필 북경에서 여기까지 왔겠소? 서면으로 하면 되지."

대뜸 나의 얼굴이 시뻘겋게 달아올랐다.

얼굴만 봐도 보수의 색깔이 쫙 깔려있는 듯한 그들의 그런 저질적이고 무의미한 요구에 나는 대답할 가치를 느끼지 않았다. 당장 자리를 박차고 나오고 싶었다.

"오 변호사님, 생사람을 잡지 마시요! 난 무역을 하는 순수한 중국조선족 교포란 말이요."

오 변호사는 내가 무역회사를 한다면서 사무실에 팩스도 없고 무역에 필요한 집기가 제대로 갖추어지지도 않았다는 권영해의 억지 변명으로 나를 간첩이라며 그냥 물고늘어졌다.

사기꾼의 사기에 넘어가지 않는 사람을 고발하겠다는 해괴망측한 논리를 펴대는 그들이 역겨웠다. 정말로 오늘 내가 이 법정에 온 것이 잘된 일이었다. 내가 이 법정에 나서지 않았더라면 더 큰 일이 날 것만 같았다.

아니나 다를까 변호인들은 오늘 이 법정에서 '권영해가 정치적 희생양'이라며 "윤 씨의 기자회견이 어디 선거에 미쳤는가"라며 오히려 국민회의로 하여금 더욱 경각심을 갖고 색깔공방에 대비하는 역할을 했다며 어처구니없이 궁색한 변명만 늘어놓았다. 권영해가 나에 대한 "물증은 잡지 못했지만 다른 첩보들로 볼 때 진실로 봤다"라며 자신의 범죄행위를 정당화하고 나섰다.

윤 씨의 임 변호사는 빈털터리인 윤 씨를 집안도 좋고 공부도 제대로 한 사업가라고 두둔하면서 안기부에서 준 달러는 사례금으로 준 것이라며 오히려 받은 돈은 적은 돈이라며 괴변만 늘어 놓는다.

정말로 한심하고 기가 찰 노릇이었다. 중국에서 '변호사는 허가받은 거짓말쟁이들이다'라는 말을 수태 들어오던 나는 '이런 작태를 두고 말하는 것이구나' 하는 것을 처음 피부로 깊게 느끼게 되었다.

점심시간부터 시작된 열띤 공방이 저녁 늦게 끝날 무렵 피고인들과 증인의 최후 진술이 시작됐다.

"왜 허동웅 씨는 아는 것이 그렇게 많은가?"

피고석에 앉아있던 이대성이 나에게 최후진술을 하면서 던진 질문이었다.
하도 어이가 없어 코웃음치며 소리높이 외쳤다.

"아는 것이 많으면 힘이 된다'는 중국 모택동 주석의 유명한 어록이 있다. 그래 아는 것이 많은 것도 죄가 된단 말인가?"
"정말로 한심한 일이 아닐 수 없었다. 억울하기 그지없다. 간첩을 잡는다는 안기부가 북한 간첩까지 비밀리에 끌어들여 나를 간첩인가를 조사를 했다니 도대체 제 정신들이 있었는지 반문하고 싶다."

창피하고 부끄럽지도 않는가!

"분명하게 말해 두겠다. 나는 남북을 다니면서 순수하게 무역을 해 온 중국 조선족일 뿐이다. 그 이상도 그 이하도 아니다. 해외에 사는 동포들을 포옹해 주지 못할망정 이렇게 배타시하고 적대시하면서 색안경을 끼고 간첩냄새가 난다며 마구 몰아간다면 남북을 오가며 사업하는 나 같은 조선족 모두를

죄다 간첩 취급을 해야만 마땅할 것이다. 두 쪽으로 갈라진 민족의 설움이요 한(恨)일 뿐이다. 분단된 남북한의 이 현실이 그저 안타깝고 서글퍼난다.

그래, 내가 간첩이라면 중국 관계 부문에서 오늘 이때까지 왜서 날 잡아가지 않고 가만 놔두었겠는가?"

이렇게 열변을 토하며 최후진술을 마치고 법정문을 나선 나는 가슴에서 뜨거운 무엇이 울컥 치밀어 올랐다.

그후 9월말, 마지막 재판에서 그들 일당들은 응당의 징벌을 받아 철창 속에 갇혀 여러 해 동안의 감옥생활을 면치 못하게 되었다.

"하늘을 거스른 자는 죽게 되고 하늘에 순종하는 자는 흥하게 된다(逆天者 亡 順天者 興)"라는 말은 인류역사의 1만년의 진리인 것이다.

북풍이 불고 난 뒤 - 빗나간 '구국충정'

힘이 있는 자가 영원히 승자가 되라는 법은 없는가 보다. 강한 자가 이기는 것이 아니라 이긴 자가 강한 것이다. 서슬퍼런 칼을 마구 흔들며 날뛰던 안기부가 한때는 얼마나 막강했던가. 정의라는 것은 언젠가는 승리하는 것이리라.

거세게 휘몰아쳤던 '북풍'으로 심한 홍역을 치렀던 안기부는 김대중 정권이 들어서자 곧바로 대대적인 수술대에 올랐다 한다. 윤 씨 기자회견을 주도했던 203실(해외조사실) 등 10여 개 부서가 폐지되었다.

검찰은 '북풍사건'의 본질을 "대선 기간 중 김대중 후보의 대통령 당선을 저지하기 위한 북한의 대남 정치공작과 이를 역이용한 안기부의 정치공작이 결합된 사건이다"라고 규명했다. 안기부의 '북풍공작'이 초라한 실패작으로 막을 내린 것이다.

나무는 가만히 있으려고 하는데 왜 쉴새없이 흔들었는가 말이다. 죽은 휘저은 자가 먹어야 하고 패자가 된 그 일당들이 오늘날 법에 의해 받은 처벌은 천백 번 마땅한 것이다.

내 이름이 거론된 '북풍사건'에 대해 그 후에도 한국의 일부 언론에서 의혹을 제기했다. 그러나 김대중 정부에서 국가정보원장(안기부의 후신)을 지낸 이종찬 전 국민회의 부총재는 2004년 6월 한 월간지와 인터뷰에서 '허동웅은 간첩 아니다'라는 점을 다시 한번 확인해 주었다.

이종찬 전 국정원장은 "차근차근하게 따져 보지도 않고 안기부 문서에 신빙성이 없다고 판단을 먼저 한 것은 문제가 있지 않습니까? 정치적 판단이 앞서, 부하 직원들의 보고를 신뢰성이 없다고 한 것이 아니냐는 것이지요"라는 질문에 이렇게 대답했다.

"그 사람들이 말하는 주제는 뭐냐면, 중국 지도자 만리의 아들 만백우가 한국을 방문했을 때 통역으로 같이 들어 왔던 허동웅이란 사람이 간첩이란 거예요. 그 사람이 간첩일 수가 없는 것이, 물론 북한하고 장사도 하고 한 사람이긴 하지만, 무슨 간첩이 우리가 들어오라면 들어오고 나가라면 나가고 하느냐는 것입니다. 그래서 내가 '상당히 왜곡돼 꾸며진 얘기고 거기에 넘어가면 안 된다', '성립되기가 어렵다'고 했더니 계속 우기더라구요. 결국 구속이 됐는데 구속되기 전 이대성이가 만든 소위 '이대성 파일'이 유출됐어요."

기자가 다시 "만에 하나 나중에라도 허동웅이 간첩이라고 밝혀지면 어떻게 하시겠습니까?"라고 묻자 이 전 국정원장은 상세하게 답변했다.

"간첩일 가능성이 있다는 얘기 자체가 아주 허황한 이야기입니다. 허동웅과 접촉한 조만진 씨 부인이 유방암이 있었어요. 북한에서 나오는 상황버섯이 좋다고 해서 허동웅에게 구해 달라고 부탁을 했었어요. 허동웅이 조만진에게 상황버섯을 주면서 '부탁한 상황버섯이오' 하고 주었단 말이죠. 옆에서 이를 지켜보았던 윤홍준의 보고서에 의하면 '상황이란 김일성을 의미하는 것이고 버섯이란 보고서를 뜻하는 말'이라는 거예요. 윤홍준이의 그 말 한 마디가 허동웅을 간첩으로 만든 겁니다. 그래서 나는 근거가 박약하다는 겁니다."

그러나 기자는 "재판 과정에서 밝혀진 사실입니다만, 중국에 있는 북한의 사회문화부 부부장급(우리의 차관급) 인물을 한국으로 유인해 데려와 조사해 봤더니 '허동웅은 간첩'이라는 진술을 받아냈다고 합니다. 그런 수사 자료가 분명히 재판정에 증거로 제시되어 있는데, 그것은 무슨 이야기입니까?"라며 또 의혹을 제기했다.

기자가 거론한 소위 북한의 부부장은 이국노라는 사람이다. 그는 나도 잘 알고 있는 인물이었다. 돈키호테와 같은 사람인데 자주 나의 사무실에 와서 장기를 두었고 돈이 없다고 해서 몇 번 돈 빌려준 적도 있었다. 이 사실은 우리 직원들도 잘 아는 내용이다. 또 그의 북경 거처(조양공원 부근)도 내가 한 부동산 업체를 소개해 줘 잡은 것이었다. 그런데 당시 《월간조선》의 우종찬 기자가 이국노가 무슨 부부장인 양 잡지에 내는 바람에 그때부터 이국노가 어딘가 사라져 나의 사무실엘 오질 않았던 일이 있었다. 이 일을 두고 남부지원에 자진 출두했다가 휴식시간에 우종찬 기자하고 설전을 벌인 적도 있었다. 정말 터무니없는 모략이 아닐 수 없었.

이종찬 전 국정원장도 이 점을 분명히 했다.

"그 사람(이국노)도 신뢰할 만한 사람이 못되고, 사후에 합리화시키기 위해서 만든 겁니다. 허동웅이 간첩이려면 여러 가지 징후가 나타나야 할 텐데 전혀 그런 징후가 없어요. 심지어 허동웅이 만백우를 찾아가서 '당신 때문에 내가 간첩 오해를 받고 있다'라고 이야기하니 아버지인 만리가 중국 외무부에 얘기해서 '중국 국민인 허동웅을 간첩으로 몰 수 있느냐'는 항의서를 우리 정부에 보내겠다고 하는 이야기까지 나왔습니다. 그렇게 되면 국제문제가 되니까 조만진 씨를 통해 오히려 말리고 그랬습니다."

'북풍사건'을 조사했던 이종찬 전 원장의 이야기를 통해 나에 대한 모든 의혹이 풀린 셈이다.

여기서 하나의 의혹이 저절로 생긴다. 윤 씨가 왜 나를 간첩이라며 끝까지 집요하게 몰고 가는 무리수를 두었을까? 또 안기부는 왜 내가 간첩이라는 아무런 증거를 잡지 못했음에도 불구하고 '고인돌' 윤 씨의 첩보가 다 거짓임이 드러났는데도 그와 같은 엄청난 '북풍'을 일으켰을까?

어찌 보면 그들의 만남이 우연의 일치였든지도 모른다. 재미사업가라고 자처하며 떠돌아다니던 윤 씨가 실은 아무것도 없는 빈털터리 신세여서 돈이 급급했던 때 조 국장과 연계된 나를 알게되면서부터 물불을 가리지 않고 대담한 사기극을 연출해 낸 것이다. 그것도 대한민국 안기부를 상대해서 말이다.

'사냥개는 사냥이 끝나면 보신탕이 된다'라는 이 격언을 윤 씨가 알았을까 몰랐을까? 굶주렸던 윤 씨는 자기의 더러운 욕심을 채우려고 앞뒤를 가릴 새 없었을 것이다. 그래서 한끼의

밤에도 목숨을 걸어야만 했다.

 절체절명의 막다른 골목에 몰리게 된 안기부도 매 한가지였을 것이다. 대선이 임박해 오면서 모종의 중압감과 조바심에 시달렸던 안기부로서는 이전부터 색깔론 시비에 부대끼던 DJ를 죽여야만 정권을 재창출할 수 있다는 목적에 도달할 수 있다고 고민하던 차 어느 날 갑자기 자기 발로 굴러 들어온 '복덩이' 윤 씨를 십분 잘 활용하면 대선은 따 놓은 당상이나 마찬가지였을 것이라고 여겼던 것 같다.

 윤 씨의 첩보가 거짓임이 드러났음에도 안기부는 그것을 외면한 채 마치 '누구 집에 금송아지가 있다더라'라는 '카더라 방송'을 듣고, 3자의 말을 그대로 믿고 '누구의 집에 진짜 금송아지가 있다'라고 단정하는 것과 같은 엉터리 논리와 같이 일부러 서로 속고 속아주면서 그와 같은 촌극을 벌리다가 결국에는 자멸의 무덤을 스스로 파게 된 것이다.

 철부지 같은 윤 씨의 보고만 철썩 같이 믿어 온 안기부가 결국엔 큰 떡을 쥐려다가 그만 쉰 떡을 쥐고 만 셈이다.

 권영해의 '아말렉작전'은 빗나간 '구국충정'의 표출이었다. 권영해 안기부는 어쩌면 수구세력의 주구 또는 괴뢰로서 역할과 소명을 충실히 수행했다.

 옛 정권의 하수인 노릇을 해 온 권영해는 검찰조사를 받던 중 자살기도를 한 후 "패장이 무슨 말을"이라는 의미 있는 말을 남겼다. 그 뜻은 정권재창출에 완전히 실패해 '패장'이 되었다는 의미가 아니겠는가!

그렇다. 패장으로서 그의 당연한 귀결이 또한 한국 정치의 숙명인지도 모른다.

7. "나는 순수 중국 조선족일 뿐이다"

천하의 개구쟁이

내가 태어난 곳은 중국 흑룡강성 계동현 계림향 영광촌이다. 소학교와 중학교를 고향에서 마치고 길림성 연변대학 어문학부를 졸업하고 1986년 하얼빈에 있는 흑룡강신문사에서 스포츠기자 생활을 하였다.

부친은 엄격한 경찰관 출신이었고, 모친은 인근 동네에서도 다정다감하기로 소문난 고향병원의 평범한 직원이었다.

나는 어린 시절 무척이나 개구쟁이였다. 소학교 시절 40여 명 급우중 대부분 가입하게 되어있는 홍소병(소년단이라고도 하는데 혁명선열들의 피로 물들었다는 중국 오성붉은기 한 부분을 상징하는 뜻으로 목에 붉은 넥타이를 맨다)에도 가입하지 못했을 정도로 짓궂었다. 어린 시절 주위에서 하도 홍소병에 가입하라고 성화를 해대는 바람에 이것이 큰 골칫거리였던 것으로 기억된다. 소학교 3학년 때의 일이다. 그 당시 홍소병에 가입하기 위해서는 공부도 공부였지만 좋은 일을 많이 해야만 했다. 그래서 반의 난로를 피울 수 있는 겨울철이 놓칠 수 없는 적기였다. 급우끼리 치열한 경쟁이 시작되었다. 홍소병에 가입하겠다는 일념으로 나는 새벽 4시만 되면 전날에 집 앞의 버들가지를 꺾어 준비해 둔 땔나무 한 단을 메고 어둑어둑한 새벽 찬바람을 가르며 학교로 달려가곤 했다. 그런데 이게 웬일인가? 나보다 더 일찍이 나와 난로불을 지피는 녀석이 있는 게 아닌가. 이렇게 난로불 지피기 경쟁은 점점 도를 더 해갔다. 앞서거니 뒤서거니 하면서 과열경쟁을 하다보니 자정이 넘어 학교로 달려가던 일도 부지기수였다. 그러나 나의 노력은 모두 허사였다. 수십 차례나 신청서를 내

▲ 금강산에서 휴식의 한때를 즐기는 장인(왼쪽)어른과 아버님.

제2부 드러난 공작의 실체   149

▲ 1972년 6월 대련항에서 찍은 경찰시절 아버님의 모습. 그는 훌륭한 경찰관이면서도 자상하고 엄격한 부친이셨다.

보았지만 번번이 탈락하고 말았다. 그 흔한 홍소병에도 가입하질 못하고 하도 말썽을 피우며 개구지니까 어느 하루는 술을 거나하게 드시고 퇴근한 아버지가 구들모에 누워있는 나의 멱살을 휘여 잡고 동네 어귀 강가로 끌고 갔다. 이때가 아마 9살 때의 일이다. 사방은 칠흑 같은 어둠이 감돌았고 달빛만이 제방뚝에 선 우리 부자를 어렴풋이 비추고 있었다. 아버지는 갑자기 허리춤에 차고있던 권총을 번쩍 빼들고서는 네가 죽고 내가 죽자며 으름장을 놓았다. 얼마나 놀랐던지 전신이 바들바들 떨리며 온몸이 나른해났다.

"너 같은 놈을 내 자식이라고 할 수 없다."

새파랗게 질린 나머지 어린 나임에도 불구하고 오늘밤 여기서 죽는다고 하니 기가 찼다. 아버지가 그렇게 무서운 것을 처음 알았다.
서슬이 퍼런 아버지를 쳐다보며 애원하듯 외쳤다.
"아버지, 이왕 죽을 바에는 '홍모(鴻毛)보다 가벼운 죽음보다 태산보다 더 무거운 죽음을 해야 되지 않습니까?"
엉겁결에 갑자기 조선어문 교과서에서 배운 이 구절이 튀어나왔다.
죽음 앞의 공포 앞에서 아버지에 대한 마지막 절규였다.
그런데 그렇게도 무서운 얼굴을 하면서 당장 쏴 죽일 것만 같았던 아버지가 이 말이 떨어지기 바쁘게 물끄러미 나를 내려다보는 것이었다.

"이제 보니 영 바보 같은 놈은 아니구만! 임마, 말썽 좀 적게 피우고 큰놈이 되란 말이야, 알겠어!"

아버지는 발길로 내 궁둥이를 차면서 권총을 도로 허리춤에 끼워놓으셨다.

한번은 이런 일도 있었다. 설사 나는 홍소병에는 가입하지 못했지만 아버지가 총을 찬 경찰이라는 것을 항상 가슴 뿌듯이 생각하고 다녔다. 아버지 허리춤에 차고 다니는 권총은 어린 내 친구들의 무한한 부러움이 샀고, 나에게는 큰 자랑거리여서 주위에 친구들이 줄줄이 딸아 다녔다. 나는 반짝반짝하

▲ 1983년 어릴 적부터 함께 자란 고향의 친구들과 고향집 앞에서. 앞줄 맨 오른쪽이 필자.

는 그 권총을 만져보고 싶어 죽을 지경이었다. 결국 그놈의 권총 때문에 사고가 터졌다.

아버지께서는 퇴근하시면 늘 허리춤의 권총을 이부자리 맨 위쪽에 감추어 놓으시곤 하였다.

드디어 기회가 온 것이다. 어느 날 점심, 아버지는 예전처럼 그 권총을 이부자리에 깊숙이 끼워놓으시고는 화장실로 향했다. 나는 잽싸게 의자를 장롱에 기대여 놓고는 까치발로 그 권총을 꺼냈다. 묵직한 권총이 여간 신기한 것이 아니었다. 방에서 정신이 팔려 만지작거리던 내가 그만 방아쇠를 당겨버리고 말았다.

'꽝!' 하는 소리에 화들짝 놀란 집 식구들이 방안으로 뛰어 들어왔다. 화장실에 있던 아버지도 바지춤을 채 올리기 바쁘게 부리나케 뛰어 들어오셨다. 멍해 있던 나는 너무나 놀란 나머지 엉겁결에 또 두번 째 방아쇠를 당겼다. 삽시간에 온 집안이 아수라장판이 되고 말았다. 다행이 인명사고는 없었지만 그 일로 해서 아버지는 경찰을 그만두셨다.

그렇게 나는 우리 집에서 요주의 인물이 되었다. 자존심이 강했던 나는 하루도 결석하지 않고 꼬박 매일 등교하여 소학교 졸업식 때는 개근상을 탔다. 그때 아버지께서는 내가 개근상이라도 탄 것을 무척이나 자랑스럽게 생각하시는 것 같았다. 나는 넥타이는 못 맨 대신에 그 개근상이라도 타게 된 것을 체면치레라도 했다고 생각돼 두 어깨가 으슥해지며 은근히 기뻤다.

　초중에 올라가서는 남들이 거의 마다하는 노동부장을 했다. 이때 공부도 열심히 잘했고 반급의 어지러운 일들을 도맡아 찾아 한 보람으로 사회주의공청단원에 가입하게 되었다. 소학교 때에 그렇게 바라던 홍소병에 가입 못했던 소원을 속시원히 풀게되어 처음으로 아버지에게서 칭찬을 받아봤다. 이때 나는 책을 가까이 하는 습관을 가지게 되었다. 책이라면 밤새는 줄 모르며 닥치는 대로 읽었다.

　1982년 8월, 내가 대학에 합격했다는 통지서가 날아오자 온 집인이 환희로 들끓었다. 집안의 모든 기쁨이 나에게로 쏠리는 순간이었다. 그때의 변변치 못했던 우리 집 형편에서 부

▲ 1980년대 후반 흑룡강신문사 기자시절 다른 기자들과 함께 신문사 정문 앞에서 기념촬영을 했다.

▲ 사랑하는 두 아우들과 중국 청도 해변가에서. 오른쪽이 청도에서 태권도도장을 운영하는 임동범 관장, 그 옆이 서울의 박호근 사장이다.

모님께서는 통이 크게도 소 한 마리를 잡아 며느리 없는 잔치를 벌린다며 동네 사람들을 초청해 명절 쇠듯 야단법석이었다. 그도 그럴 것이 동네에서 말썽꾸러기로 소문난 내가 어엿한 대학생이 되었으니 말이다.

 난 그때 처음으로 양복이라는 것을 입어봤다. 아버지가 결혼하실 때 어머니께서 결혼기념으로 사주셨다는 검은색 양복이었다. 어머니께서도 자기가 애지중지 차고 계시던 북경표 손목시계를 손수 나의 손에 채워주시면서 눈물을 훔치던 그때 모습이 아직도 영화필름 마냥 생생히 떠올라 가슴이 찡해난다.

 그러나 그때의 기쁨도 잠시, 내가 대학에 입학한 지 한 달이 좀되나 말까했던 10월 10일 오전 9시 45분, 어머님께서는 뇌출혈로 46세를 일기로 그만 세상을 영영 돌아가실 줄이야! 갑자기 하늘이 쿵하고 무너져 내리는 것 같았고 당장 죽고만 싶었다. 계속 며칠 얼마나 울었는지 탈진상태로 기절해 버렸다.

불효에 대한 때늦은 후회의 눈물이라고할까? 그래서인지 지금도 나에겐 눈물이라는 것이 영영 말라져 버렸다. 그때 나는 속으로 이렇게 굳은 결심을 내렸다. 꼭 성공해서 부모님께는 물론 사회에 유익한 일을 하는 사람이 되겠다고!

4년 대학시절, 나는 학부의 체육부장으로 맹활약하면서 64명 학급생 중에서 흔치않게 중국공산당원에 가입하는 영광을 누리게 되었다. 졸업배치 때에는 뭇 사람들이 부러워하는 기자로 뽑혀 정식으로 사회에 진출하였다.

감동적이었던 1989년 첫 한국 방문

나는 흑룡강신문사에 입사하여 자신의 재질을 유감 없이 펼쳐나갔다. 내가 한국과 인연을 맺을 수 있게 된 것도 바로 이 기자시절 덕분이었다. 당시 '남조선'이라 부르던 사회주의나라에서 살던 우리에게 한국은 너무나 멀게만 느껴지던 생소한 자본주의 나라였다. 그러한 미지의 나라에 내가 88올림픽 1주년 기념축제로 치러졌던 제1차 세계한민족축전에 취재 차

▲ 1990년 중반 한국을 방문했을 때 과거 3·8선의 흔적이 남아있는 강원도의 3·8선 휴게소에 방문했다.

처음으로 밟아보는 행운을 안게 되었으니 얼마나 가슴 뿌듯했겠는가! 그때까지만 해도 한중수교 퍽 이전이어서 직항노선이 없는 탓에 하얼빈-광주-심천-구룡-홍콩-서울, 이렇게 지루하고도 긴 여정 끝에 6일 만에 드디어 '남조선' 땅을 디딜 수 있었다.

한국 땅을 밟는 순간, 쌓였던 여정의 피로함은 온데간데 가뭇없이 사라졌고 너무나 좋아서 어린 아이들처럼 풍당풍당 뛰며 어쩔 바를 몰라하며 기뻐했던 때가 어제 일이런 듯 지금 돌이켜봐도 가슴이 울렁거린다. 미칠듯이 기뻤고 한없이 자랑스러웠다. 당장 죽는 대도 별로 원이 없을 듯했다. 발전한 고국의 현란한 모습이 눈에 번쩍 띄워 세상에 갓 태어난 아이 마냥 호기심에 푹 젖어 모든 게 그렇게 다 신기했다. 이 세상의 행운을 나 혼자 독차지 한 것 같아 저도 모르게 콧노래까지 흘러 나왔다.

지금 돌이켜봐도 그때의 감격이야말로 이루다 형언할 수 없을 정도로 흥분을 가라앉힐 수가 없다. 정말이지 그때의 한국 방문은 나에게 기막힌 행운이 아닐 수 없었다. 공산국가인 중국에서 왔다니까 '정말 머리에 뿔이 났는가'며 신기하게 쳐다보는 교수들 앞에서 한 시간 동안이나 특강을 할 수있는 기회가 있게 된 나는 대번에 교수가 된 듯 자랑스러웠고, 소련에서 온 한 기자와 함께 김종필 총재의 형님인 김종락 아세아야구협회회장의 자택에 특별 초청을 받아 분에 넘치는 대접을 받고 따뜻한 민족애에 두고두고 잊지 못할 아름다운 추억을 남기게 되었다. 처음으로 한국의 국회의원인 오유방 의원 이하 10여 명 지구당위원장들의 만찬에 초대받고, '무슨 작은

▲ 내가 한국에서 제일 존경하는 사업가 친구 우진호 회장이 중국 대외경제무역대학에서 박사학위를 받던 날. 나는 한없이 기뻤었다. 왼쪽부터 우 회장의 어머님과 아버님, 가운데가 우 회장의 지도교수인 조총수 원장, 아래 어린 아이는 우 회장이 애지중지 사랑하는 따님.

나라에 이리도 위원장이 많냐' 며 어리둥절해 하다가 말로만 들어오던 국회라는 곳에 가서 국회 김재광 부의장의 점심초대를 마치고는 한창 국회가 열리던 의사당을 견학하게 돼 '아, 국회라는 곳이 정치를 하는 곳이구나' 라고 생각했던 웃지 못할 기억도 남아 있다.

그때 처음으로 자원봉사자들의 친절하고 따뜻한 서비스에 깊은 감명과 인상을 받았다. 그때 시절 , 나의 한달 노임(월급)이라 해봐야 고작 인민폐 69원, 간덩이가 크게 나의 2년 봉급이 훨씬 넘는 거액의 돈을 빌려 우황청심환 같은 중국서도 먹어보지 못한 귀한 약 같은 것들을 적잖게 사갔는데 한국사람들의 열정적인 접대에 흥분되고 감동되어 좀 안면이 있다는 사람마다 선물이라며 다 나눠주었다. 귀국해서 그 빚을 갚느라고 하늘이 노래지는 것만 같았다. 빈털터리 신세로 귀국한 나는 친구들은 물론 집사람에게도 변변한 선물을 못 줘 민망스럽기만 했다. 하지만 난 후회 같은 것은 없었다. '아무렴, 어떠냐!' 남들은 가고 싶어도 맘대로 갈 수 없는 고국에 운수 좋게도 나만이 갔다왔다고 생각하니 오히려 마음의 부자가 된 듯 싶었다. 한국에 갔다왔다는 그것 만이면 족했고 두 어깨가 으쓱해났다.

실제로 그때의 한국 방문은 나의 인생에서 하나의 중요한 계기가 됐다. 그래서 나는 그해 연말에 신문기자 생활을 접고 홀몸으로 북경에 겁도 없이 진출해 그때에 쌓은 인맥을 밑천으로 여행업에 뛰어들었다. 돈도 꽤 벌었다.

2년여 만에 동업자들도 감히 엄두를 못내는 5성급호텔에 사무실을 덩그란이 마련하고 여행업과 동시에 본격적으로 북한 무역에도 손을 댔다.

그때 여행사업을 하면서 늘 기억에 남는 일이 있어 꼭 기록하고 싶다. 1992년, 여행사 처장이던 내가 한국 《조선일보》의 보물급으로 존경받는 이규태 논설고문의 중국 내 안내를 맡을 수 있는 좋은 기회가 왔다. 박지원의 〈열하일기〉 후속편으로 〈새 열하일기〉를 1년 간 연재하기 위해 박지원이 다녔던 《열하일기》 코스대로 20여 일 동안 답사하는 일이었다. 첫 취재지가 북한의 신의주를 마주한 민감한 중국 단동지역이라 조선일보 측에서 중국의 많은 여행사에다 연락하다가 여의치 않아 군에서 운영하는 우리 여행사에 그 기회가 차례지게 된 것이었다.

해박한 지식의 소유자인 이 고문의 진지하고 정열적인 취재정신에 기자생활을 경험했던 나는 저도 모르게 머리가 숙여지며 내 자신이 작게만 보였다. 이 고문은 나이가 많음에도 아주 정열적이었다. 까끈하고 세심한 사업태도에 얼마나 감동을 받았는지 모른다.

또 조금 후에 있었던 일이다. 한국의 《국민일보》 조 사장님께서 우리 회사를 방문하시였다. 중국의 신문사와 자매결연을 맺겠다는 것이었다. 그때까지만 해도 중한수교 직전이라

어려움이 적잖았다. 그때 결국은 《국민일보》사와 중국의 3대 신문사인 《광명일보》가 자매관계를 맺는 데 성공했다. 중국과 한국의 신문사 역사에서 흔치않은 일이었다.

 돈을 버는 재미도 재미려니와 그때 많이 힘들고 고달팠지만 한국을 위해 작지만 무언가 의미 있고 가치 있는 일을 했다고 생각하니 못내 자랑스러웠다.

에필로그
— 대한민국에 바라고 싶다

후세에 나와 같은 피해자가 없길

정치적인 사건이란 마치 소나기와 같은 것일까? 인구에 회자되고 폭풍우가 불어 칠 때는 많은 사람들이 사건의 진행에 관심을 보이며 촉각을 세우다가도 시간이 지나면 그뿐. 사건은 또 인간들의 기억 속에서 쉽게 잊혀지며 평범한 생활 속에 파묻히기 일쑤다.

인류의 역사는 많은 사건의 시대적 연속 속에서 쉼 없이 발전해 나간다. 생활이라는 것도 원래는 그렇게 아름다운 추억을 남길 때가 많았다고 했던가.

하지만 나는 '북풍'이라는 말만 꺼내도 너무나 넌덜머리가 나서 인간의 모습이 아닌 악마의 모습이 그려지면서 지금도 잠을 자다가도 깜짝깜짝 놀랄 때가 한두 번이 아니다.

그런데도 10년이 지난 오늘 내가 다가온 제17대 대한민국 대통령선거를 눈앞에 두고 갑자기 다시는 되돌아보기 싫은 해묵은 '북풍사건'을 재조명하는 이유는 다음과 같다.

첫째는 내가 당한 '북풍사건'의 실체를 가감 없이 기록함

▲ 1995년 북경 차이나월드호텔에서 있었던 조선 나진-선봉자유경제무역지대 투자설명회 모습. 왼쪽부터 당시 중국 대외경제무역부 용영도 부장, 조선대외경제협력추진위원회 김정우 위원장.

으로써 나의 억울함을 푸는 목적과 함께 다시는 후세에 나와 같은 피해자가 없길 바라는 간절한 마음에서다.

둘째는 나중에라도 내 가족과 친척들에게 내가 '간첩'이라는 오명을 물려주지 않기 위한 소박한 개인 감정에서다.

더 중요한 것은 곧 있게 될 대통령선거에서는 더 이상 재탕, 삼탕도 더 우려먹은 '북풍'이라는 것을 들고 나와 다시는 장난치지 말라고 대한민국 정치권 전체에 대한 경고용 내지 재발방지를 위한 각성제 처방을 주고 싶은 마음에서다.

나는 '북풍사건'을 통해 어렴풋하게나마 한국정치의 현주소를 알게 되었다. 밑도 끝도 없는 권모술수, 권력을 향한 그 병적인 집착 그리고 정치 권력구조의 근원적인 뒤틀림 등등.

에필로그 – 대한민국에 바라고 싶다

이러한 모두가 바로 한국 정치의 자화상이요, 현주소인 듯하다. 지난 과거 어두웠던 한국정치사를 돌이켜보건대 끊임없는 정치보복의 악순환이었다고 말해도 과언이 아니다.

하기야 과거 중앙정보부나 안기부에 의해 꾸며진 허황한 간첩사건이나 음모가 어찌 이뿐이겠는가. 멀쩡한 사람을 간첩으로 몰아 생사람 잡는 일을 밥먹듯이 해온 것이 어제오늘의 일이 아니지 않는가.

저간의 사정을 종합해 보건대 이성마저 상실한 옛 안기부가 온갖 수단과 방법을 가리지 않고 '대선 승리'와 '정권 재창출'이라는 목적을 달성하기 위하여 '북풍'을 일으킨 것은 어쨌든 이기기만 하면 된다는 패륜적 사고방식이 빚어낸 기형적인 산물이었다.

이러한 낡고 썩어빠진 사고 방식이 빨리 사라지지 않는 한 '북풍', '동풍' 등의 별의별 바람들이 재발하지 않는다고 어느 누가 장담할 수 있겠는가?

두 토막이 난 한쪽인 한국정치의 현주소를 바라볼 때마다 나 같은 해외동포들을 너무나도 실망시키고 부끄럽게 만든다. 민주주의를 부르짖는다는 대한민국 정치가 서로 물고 뜯고 옥신각신 싸움질이나 하면서 무차별적인 공격과 폭로를 거듭하는 이런 정치가 이제는 좀 더 어른스럽고 성숙한 모습을 보여주었으면 한다. '북풍사건'처럼 3류 정치판에 자신들의 더러운 욕심을 채우려고 해외교포까지 끌어들여 동네방네

망신시키는 일들이 다시는 재발해서는 안 된다고 생각한다.

　참된 민주주의란 한 정권의 이익도 중요하겠지만 개개인의 삶을 소중히 여기는, 작은 인권이라도 보장해 주는 이것 또한 바람직한 일이 아니겠는가?

　대한민국의 언론에 대해서도 한마디 진언하지 않을 수가 없다. "언론이 잘 돼야 한국정치가 바르게 선다"라는 얘기를 한국에 다니면서 많이 들어왔다. '북풍사건'을 둘러싸고 한국의 일부 언론들이 '믿거나 말거나' 식으로 과장되거나 제멋대로 왜곡하고 편파보도를 한 것을 보면 참으로 안타깝기 그지없다. 더욱이 북한 관련 보도들을 보면 확인되지도 않은 사실과 전언들, 심지어는 자기 상상의 날개를 펼쳐가며 특종인양 보도한 것을 보면 정말로 낯이 뜨거워 어이가 없어진다.

　북한에 관계된 일이니까 독자들이 직접 확인 할 수 없다는 이것을 이유로 오보로 판명될 가능성도 적고 또 일단 충격적인 내용을 터뜨리면 독자들의 시선을 끌 수 있다는 '특종 아니면 그만'이라는 '아니면 말고' 식의 빗나간 제작관과 보도형태는 적어도 대한민국 국민 모두에 대해 혼란만 가중시키는 모욕적이고 무책임한 행위이며 상업성에서 탈피하지 못한 한탕주의라 말할 수 있겠다.

　특종만 쓰는 기자들은 특별한 사람들이 아닌지 모르겠다. 아무리 자본주의 사회의 기자들이라지만 양심과 최저한의 언론윤리와 도덕은 지켜야 기본이 아니겠는가!

"사소한 거짓말보다 엄청난 거짓말에 더 잘 속아넘어간다"는 말이 불쑥 떠오른다. 나는 중국에서 살면서 "뉴스란 최근에 발생한 정확한 보도"라고 배웠다. 정확성과 공정성은 제쳐놓고라도 있는 사실 그대로 독자들에게 여실히 알려줌으로써 독자들이 나름대로 판단하게 해야 하는 것이 언론으로서, 또한 언론인으로서 최소한의 의무가 아니겠는가. 정말로 깊이 반성하고 심사숙고해야 할 문제라고 생각된다.

'도대체 양심이 어디에 갔는가'

차가운 '북풍'이 휘몰아쳤던 지도 벌써 10년이란 짧지 않은 세월이 흘렀다. 1997년, 이 한해야말로 나에게는 정말 다시는 되돌아보기도 싫어지는 암담하고 고달픈 시련의 한 해였다. 나는 엉뚱하게도 '간첩'이라는 황당하고 쓰디쓴 경험을 맛보아야 했고 한국의 검찰과 안기부 그리고 법정까지 서야 하였다.

당시 나는 '북풍사건'을 통해 참으로 많은 것을 느끼게 되었고 인간의 진면목을 새삼스럽게 알게 되었다. 꿀보다도 더 달콤하다는 권력의 쟁탈을 위해 정의와 법마저도 헌신짝처럼 내팽개치는 그 무지막지한 무법의 천지도 보았다.

정권의 연장을 위해 인간이 갖추어야 할 최저한의 양심마저 휴지조각처럼 갈기갈기 찢어버리는 유린의 현장을 내 눈으로

▲ 1990년대에 개성을 방문했을 때 방문한 판문점담판실. 한민족의 허리를 끊어놓았던 판문점담판실에서 들어서니 갑자기 50여 년 전의 담판모습이 영화필름 마냥 선하게 떠올라 내 마음을 쓰리게 했다.

똑똑히 보게 되었고, 권력의 주구가 된 수구세력들이 보인 법정에서의 처절한 몸부림은 나를 슬프게 만들었다.

나는 또 한 끼의 밥에 목숨까지 바치는 사냥개 마냥 돈 몇 푼에 인간의 신의마저 깡그리 저버리는 인간성 상실의 슬픈 주인공을 보며 같은 해외 동포끼리 연민의 정마저 들었다.

'간첩 잡는 데 귀신'이라던 한국 안기부가 '왜 이런 수준밖에 안 되는가', 또 그들이 한국 정보기관의 중추를 이루고 있었다니 내 눈과 귀를 의심케 할 정도였다.

한 나라 정보기관의 3류 배우들이 쓴 허술하고 비열하고 지독한 시나리오는 나를 소름 끼치게 했다.

멀쩡한 해외동포를 평생 피멍이 들게 하고 병신을 만들어놓고서도 눈 하나 깜짝거리지 않는 그들을 향해 '도대체 양심이 어디에 갔는가'라고 반문하지 않을 수 없다.

글쎄 나 하나의 희생이 대한민국 전체에 커다란 도움이 된

에필로그 – 대한민국에 바라고 싶다

▲ 1999년 한국 중소기업협동조합중앙회 북경사무소 개관식날. 왼쪽 두 번째로부터 북경지사장 손진석 회장. 그는 교포로서 흔치않게 한국 5개 경제단의 하나인 중소기업중앙회 지사장을 역임했다. 다음은 박상희 중앙회 회장, 내가 존경하는 대학 선배형님 이춘일 사장, 조춘권 당시 흑룡강신문사 지사장.

다면 모를까? 최대의 용기로 관용을 베풀어 작은 벌레처럼 조용히 없어지고 싶은 마음도 없지 않아 생기지만 달리 생각해 보면 이후에도 나와 같은 무고한 사람들이 수없이 희생물이 되어 고통을 받게 될 것임을 생각해 보니 정의감에 불타 대성통곡하고 싶다!

"대한민국이 거듭나야 한다. 대한이 꼭 새롭게 변해야 한다고!"

1997년 제15대 대통령선거로부터 오늘까지 꼭 10년, 이 짧지 않은 10년 사이 대한민국은 용케도 눈에 띄는 엄청난 변화를 가져왔다.

5차례의 죽을 고비, 6년간의 투옥생활, 10여 년간의 가택연금을 이겨낸 노련한 정치가인 김대중 후보는 피 말리는 선거

끝에 2퍼센트라는 근소한 차이로 상대인 이회창 후보를 아슬아슬하게 누르고 끝내 제15대 한국대통령에 당선되었다. 50년 만의 정권교체를 이루어 낸 것이다. 또 그 후로부터 5년이 지난 2002년, 노무현 후보는 제16대 대통령에 당선되면서 참여정부를 탄생시켰다.

한강의 기적이라는 명패를 달고 30여 년을 앞만 보고 질주하던 대한민국이 구명조끼도 미처 걸치지 못한 채 바다 속으로 날개 없이 추락하는 비극을 맞았다가 다행히 IMF금융 구제라는 응급처치를 받아 그렇게 빠른 시일 내에 용케도 IMF 젖을 떼고 이젠 세계 경제대국 행렬에 들어선 모습을 보게 되니 저도 모르게 가슴이 뿌듯해진다.

더욱이 "힘을 모으니깐 못해낼 일이 없다"라는 대한민국의 저력을 온 세상에 과시하며 4700만의 대한국민들의 한결같은 함성이 이루어낸 2002년 월드컵의 대성공을 현장에서 직접 지켜봤던 나로서는 정말로 무한한 자긍심과 감격에 목이 메었다.

실로 기적이 아닐 수 없었다. 정말로 해외 사는 우리 동포들의 마음을 속시원하게 풀어주는 자랑차고 감격적인 사건이 아닐 수 없었다.

또 꽁꽁 얼어붙었던 남과 북의 냉전관계가 힘들고 파란 많은 우여곡절 끝에 이젠 봄날의 눈석임(이른 봄에 눈이 녹아 스러지는 현상) 마냥 풀려 또다시 활기를 띠게 돼 더욱더 다

에필로그 - 대한민국에 바라고 싶다

행스럽게만 생각된다.

2007년 10월 3일, 노무현대통령과 김정일 국방위원장의 감격적인 역사적인 회동이 드디어 평양에서 이루어졌다. 한민족번영의 시대, 통일의 새 시대를 세상에 알리는 역사적 순간이었다.

노무현대통령이 60여 년 한민족 분단의 아픔을 가르고 군사분계선(DML)을 직접 도보로 걸어서 통과해 평양에서 한민족 발전의 이정표가 될 2007남북정상선언을 발표하는 순간을 TV를 통해 지켜보는 나의 마음은 매우 짜릿했고 개운했다. 한겨레의 통일은 꼭 이루어져야하며, 또 기어이 이루어질 것이라는 확신이 되살아났다.

내일은 내일의 해가 뜨는 법이다. 2007년 12월, 이제 오래지 않아 제17대 대한민국대통령선거가 또 치러진다. 이번 선거에서는 과거처럼 매섭고 차가운 '북풍'이 아니라 훈훈하고 따스한 '남풍'이 불어오기를 바라마지 않는다. 한국에서 새롭고 참신한 선거문화의 새 길이 열렸으면 한다. 무지개는 안 떴지만 내일의 대한민국의 앞날은 밝게 개일 것이다.

부록

권영해 전 안기부장의 3월 20일 1차 심문 내용(요약본)

공 소 사 실

피고인은 1994년 12월 24일부터 1998년 3월 4일까지 국가안전기획부장으로 재직하면서 국외안보 및 국내보안정보 수집 등의 직무를 수행하는 국가안전기획부의 업무를 통할하고 소속 직원을 지휘 감독하는 업무에 종사하던 자인 바

1997년 12월 18일 실시된 제15대 대통령선거와 관련해 같은 해 11월 26일 후보자 등록이 개시되어 새정치국민회의 김대중 후보 등 7명이 후보자 등록을 마치고 선거운동을 시작하자,

국가안전기획부 2차장 산하 해외조사실(203실) 실장 공소외(이하 윤홍준까지「공소외」생략) 이대성(1998년 3월 28일 구속 구공판), 단장 송봉선(1998년 3월 28일 구속 구공판), 처장 김은상(1998년 3월 28일 구속 구공판), 5급 주만종(1998년 3월 23일 구속 구공판), 6급 이재일(1998년 3월 23일 구속 구공판)들과 함께 북한방문 상담 등으로 동 이재일과 친분관계가 있는 윤홍준(1998년 3월 4일 구속 구공판)으로 하여금 기자회견을 통하여 김대중 후보가 새정치국민회의 전 조직국장 조만진 및 중국 조선족 허동웅과 연계된 대북 접촉 의혹이 있다는 등의 허위사실을 폭로하게 하여 김대중 후보를 당선되지 못하게 할 목적으로

1997년 12월 7일 08:00경 서울 서초구 내곡동 소재 국가안전기획부장 공관에서 동 이대성에게 북경, 동경, 서울에서 동

윤홍준으로 하여금 기자회견을 하도록 추진할 것을 지시하면서 경비 명목으로 미화 5만 불을 교부하고,

동 이대성은 같은 달 7일 09:50경 동인의 사무실에서 동 송봉선, 동 김은상, 동 이재일에게 윤홍준의 기자회견을 추진하기 위한 세부계획을 수립 시행하도록 지시하면서 피고인으로부터 받은 경비 5만 불 중 2만 불을 동 김은상, 동 이재일에게 지급하여 그중 1만 9천 불이 윤홍준에게 전달되게 하고, 같은 달 13일경 피고인으로부터 받은 윤홍준의 기자회견 대가 20만 불을 같은 달 25일경 동 송봉선, 동 이재일 등을 통하여 동 윤홍준에게 전달하게 하는 등, 동 이대성, 동 송봉선, 동 김은상, 동 주만종, 동 이재일, 동 윤홍준과 공모하여,

1. 사실은, 새정치국민회의 김대중 후보가 1971년 대통령선거 때로부터 15대 대통령선거 때까지 북한으로부터 선거자금을 수령해 온 사실이 없고, 김대중 후보가 이사장으로 재직한 바 있는 이태평화재단이 북한 측 자금으로 설립되었거나 새정치국민회의 전 조직국장 조만진 및 중국 조선족 허동웅을 통하여 대북 접촉을 한 사실 등이 없음에도

○ 1997년 12월 7일 10:00경부터 같은 날 14:00경까지 서울 서초구 내곡동 소재 국가안전기획부 사무실에서 동

이대성의 지시에 따라 동 이재일이 기자회견문 초안을 준비함에 있어

- 윤홍준이 직접 체험한 것처럼
(1) 1996년 8월 22일 아침 나는 디제이(김대중 후보의 영문 약칭 DJ, 이하 기자회견문 대로 「DJ」로 표시한다)의 일산자택에서 단독 면담한 후 곧바로 출국하여 북한을 방문할 예정이었는데, 당일 아침 조 국장이 내가 묵고 있는 호텔에 늦게 오는 바람에 DJ를 만나지 못하였고 곧바로 조 국장이 운전하는 차를 타고 공항으로 가던 중 조 국장이 휴대폰으로 DJ에게 전화를 걸어 나를 바꿔주었다. DJ는 나와 통화 시 『조국장으로부터 훌륭한 청년이라는 말을 많이 들었다. 만나지 못해 유감이다. 이번에 북에 가면 진영걸 사회과학원 부위원장에게 꼭 안부를 전해 달라』라고 하였다.
(2) 1996년 9월 16일 중국 북경 소재 「경락원」 가라오케에서 조만진, 허동웅, 김원우, 손용옥, 김성규와 함께 술을 마시면서 조국장은 연변 조선족 가수에게 「김일성 장군의 노래」와 「고향의 봄」을 청하였고 다 같이 합창을 하게 하였다. 이 일은 나를 분개하게 하였고 이들의 정체를 직감하게 하였다.
(3) 1997년 1월 20일 인천의 한 식당에서 국민회의 조만진

국장은 허동웅에게 『올 해 3월까지 일을 끝내야 한다. 벌써 대선활동이 시작됐으니 자금도 돌아야 한다. 이번에 방북하면 일을 잘 처리해서 자금을 잘 받아오라』라고 했고, 이때 술에 취한 허동웅이 『이제 지하당 활동을 시작할 때가 아닌가』라고 하자 조국장이 입을 막으며 함부로 지껄이지 말라고 화를 내며 저지하였다. 당시 그 자리에는 부평의 기업인 손용옥과 나와 친분이 있는 보람테크사의 김광석 전무가 함께 있었다.

- 윤홍준이 허동웅으로부터 전문한 것처럼
(4) 허동웅은 『DJ의 초청으로 96년 8월 10일 중국인 만백우(중국의 인민대 상무위원장이었던 만리의 아들), 그의 비서 주문과 함께 서울에 왔는데 당시 암에 좋다는 진짜 상황버섯과 평양에서 받은 회신을 DJ에게 전달하였다』라고 하였다.
(5) 허동웅은 위 방한시 내가 운전하는 렌터카를 이용하여 국내를 관광하였는데 그 차 안에서 『DJ 아들인 김홍일 의원이 연대대학에서 명예박사 학위를 받기 위하여 1996년 8월 5일부터 10일간 중국을 방문했을 때 북한에서 보낸 인사와 밀입북했던 무슨 연구소 소속의 DJ측 인물 2명을 천진에서 만나고 8월 10일 귀국했다』라고 하였다.

(6) DJ는 광복절인 96년 8월 15일 일산자택으로 허동웅, 만백우, 주문 일행 등을 초청하여 조찬을 하면서 이들을 격려하고 기념사진도 찍었다. 이 자리에는 DJ의 북한비밀 접촉에 핵심적인 역할을 수행한 조만진 국장도 참석했다. 이날 조찬에서 DJ는 허동웅에게 노고를 치하하고 『이 일은 나를 위한 일이고 당을 위한 일이니 결실을 잘 맺도록 해 달라』라고 당부했는데, 허동웅은 내게 자랑스럽게 얘기했다.

(7) 허동웅은 97년 1월 24일 서울 소재 리츠칼튼 호텔에서 김정일 장군이 가지고 있는 자금 중 일부를 금년 대선을 위해 DJ에게 제공할 것이라는 얘기와 이 일은 매번 선거 때마다 있던 일이라 하여 매우 충격이 컸다.

(8) 허동웅은 97년 6월 26일 북경의 자기 사무실에서 북한의 큰 선물 또는 김정일의 비자금 제공에 대하여 조선반도를 통일하려면 하나의 통일론이 있어야 한다고 하였다.

(9) 허동웅은 97년 7월 19일 자기 사무실에서 『DJ측과 북한 간의 비밀접촉은 극비리에 이루어져 국민회의 내에서도 김홍일 의원과 조만진 국장 외에는 알고 있는 사람이 극히 제한되어 있다』라면서 『조만진 국장이 이 일을 위해 네 차례나 밀입북하여 북한의 강 부부장과 부총리급 인사 등을 만나 밀사노릇을 했다. 이 일은 내가 DJ측과 2년 동안 추진해서 이제서야 거의 결실을 보게 되었

다』라고 말했다.
(10) 허동웅은 『DJ가 집권하게 되면 자신은 인력송출 사업권을 받아서 연변 조선족 엄국진 처장이라는 사람과 함께 북한인들을 중국교포로 위장시켜 한국으로 송출할 계획이다』라고 하였다.

라는 등으로 초안을 작성하고

○1997년 12월 7일 15:00경부터 같은 달 8일 11:00경까지 서울 서초구 내곡동 소재 국가안전기획부 사무실에서 동 이대성, 동 송봉선, 동 김은상은 동 이재일이 작성한 기자회견문 초안을 검토한 후

- 동 이재일의 위 초안에는 없는 내용인
(1) 허동웅은 97년 11월 자기 사무실에서 『아태재단은 북한의 자금을 받아 설립하였고 그 후 북한도 아태평화위원회를 만들고 양쪽의 접촉창구와 통일론의 일관화를 위한 기구로 사용하여 왔다』 『아태평화재단 사무총장 임동원(전 통일원차관)은 95년 10월경쯤 북경을 방문하여 장성호텔에서 북한 아태위 고위간부를 접촉하였으며 그 전에도 양쪽 아태들이 북경에서 수시로 만났다』라고 하였다.

라는 내용을 추가하고

- 이재일이 작성한 초안 중
(2) 초안 (6)항의 「허동웅에게 노고를 치하하고」라는 부분을 「허동웅에게 그간의 비밀사업에 대한 노고를 치하하고」로
(3) 초안 (7)항의 「매번 선거 때마다」라는 부분을 「71년 대선 때부터 매번 선거 때마다」로
(4) 초안 (8)항의 「김정일의 비자금 제공에 대하여 조선반도를 통일하려면 하나의 통일론이 있어야 한다고 하였다」라는 부분을 「김정일의 비자금 제공에 대한 DJ측의 보답에 대하여 조선반도를 통일하려면 하나의 통일론이 있어야 하다며 DJ가 고려연방제를 지지해 주는 것이었음을 밝혔다」로
(5) 초안 (10)항 중 「송출할 계획이다」라는 부분을 「송출할 계획이라고 했으며 그동안에도 전직 중소기협중앙회 회장이었던 박상규(지금 국민회의 부총재)와 현재 회장인 박상희의 도움을 받아 상당수 북한인을 한국 국적으로 속여 서울로 보냈다」로
수정 가필하여 초안을 완성하고

○같은 달 10월 18:30경부터 22:00경까지 중국 북경 레디슨 호텔 707호실에서 동 이재일, 동 윤홍준은 위 초안을 기초로 노트북 컴퓨터를 사용하여 기자회견문을 작성하고

1. 같은 달 11월 11:00경 중국 북경 소재 할러데이 호텔에서 동 윤홍준은 서울방송 기자 공소외 장동훈 등 북경 주재 국내 언론 기자 4명이 참석한 가운데 기자회견을 개최하여 위와 같이 허위 내용으로 작성된 기자회견문을 발표하고, 기자회견문 및 사진 수 매를 기자들에게 배포하고

2. 같은 달 12일 17:00경 일본국 동경 소재 임페리얼 호텔(데이고쿠 호텔) 로얄라운지에서 동 윤홍준은 동경 주재 국내 언론기자 10여 명이 참석한 가운데 기자회견을 개최하여 위와 같은 내용으로 작성된 기자회견문을 발표하고, 기자회견문 및 사진 수 매를 기자들에게 배포하고

3. 같은 달 16일 15:00경 서울 영등포구 여의도동 소재 63빌딩 3층 샤론 홀에서, 동 윤홍준은 대한민국 건국회장 공소외 손진 및 신문기자 등 20여 명이 참석한 가운데 기자회견을 개최하여 북경 및 동경 기자회견문과 같은 내용으로 작성된 진술서(1) 진술서(2) 및 진정서 제하의 기자회견문 요시를 발표하고, 위 3종의 문건 및 사진 9매의 컬러복사본을 기자들에게 배포함으로써

각 새정치국민회의 소속 김대중대통령 후보에게 불리하도록 김대중 후보에 관하여 허위사실을 공표하게 하고, 허위의

사실을 적시하여 김대중 후보의 명예를 훼손하고, 국가안전기획부 직원의 직위를 이용하여 김대중대통령 후보를 반대하는 여론을 조성할 목적으로 동인을 비방하는 내용의 의견 또는 사실을 유포하고, 김대중 후보를 당선되지 못하게 하기 위한 선거운동을 하는 등 정치활동에 관여하는 행위를 한 것이다.

위 등본입니다.
1998년 4월 22일
서울지방검찰청남부지청

〈피의자 신문조서〉 (1998년 3월 20일, 서울지방검찰청)

검찰주사(보) 안대환

문 : 피의자는 전에 수사관서에 입건돼 처벌을 받은 사실이 있는가요?
답 : 전혀 없습니다.
문 : 학력을 말하시오.
답 : 1959년도에 육군사관학교 15기를 졸업했으며, 1949년 경남 양산 하북면 신평국민학교를 최종 졸업했고,

1952년도에 외동 중학교를 1회 졸업했고, 1955년도 경주고등학교를 졸업했습니다.

문 : 병역관계는 어떤가요?

답 : 1959년도에 육사 15기로 소위 임관해 9사단 28연대 10중대 3소대장을 시작으로, 9사단 29연대 7중대장, 15사단 38연대 1대대장, 12사단 51연대장으로 보임 됐다가 3군단 작전참모로 근무하던 1980년도에 장군으로 진급, 88여단장, 6사단장, 3군사령부 참모장, 88올림픽 지원사령관(소장 보직), 1988년 6월 7일 국방부 기획관리실장으로 각 보임됐고, 그달 30일 소장으로 예편해 1급 관리관이 되어 기획관리실장으로 계속 근무한 바 있습니다.

문 : 경력을 말하시오.

답 : 위에서 말씀드린 바와 같이 1988년 6월 30일 예편해 1급 관리관인 국방부 기획관리실장으로 근무했으며, 1990년 12월 28일 국방부차관으로 승진했고 1993년 2월 26일 국방부장관으로 임명됐으며, 1993년 12월 22일경 장관직을 그만두고 잠시 쉬다가 1994년 3월 초부터 그해 12월 24일경까지 한국야구위원회 총재로 선출됐으며, 그해 12월 24일경부터 1998년 3월 4일까지 국가안전기획부 부장으로 근무했습니다.

〈중략〉

문 : 재산 및 생활 정도는 어떤가요?
답 : 부동산으로 아파트 1동 등록가액 7억 원 상당, 충북 괴산에 있는 임야 3만 평 약 1억 원 상당, 제주도에 임야 2천 평 약 4~5천만 원이 있고, 동산으로 자동차 다이내스티 1대 6천만 원 정도가 저의 재산이고, 현재 퇴직한 지 얼마 안 돼 연금을 받아 보지 못했으나, 대강 연금이 월 2백50만 원 정도될 것으로 예상하고 있으며, 전반적으로 상류생활을 하고 있습니다.

문 : 국가로부터 훈포장을 받은 사실이 있는가요?
답 : 1965년 대위로 월남전에 참전해 화랑무공훈장을 받았고, 보국포장, 장군 진급한 후 보국훈장 천수장, 국방부차관시 보국훈장 강화장, 안기부장 재직시 수교훈장 강화장이 한국으로부터 받은 훈·포장이며, 국방부기획관리실장 시절 미국으로부터 한미관계 1등공로훈장(리즌 오브 메리트)을 받은 바 있습니다.

문 : 신봉하는 종교가 있는가요?
답 : 기독교를 신봉하고 있습니다(국군 중앙교회 장로).

문 : 건강상태는 어떤가요?
답 : 좋은 편입니다.

문 : 피의자의 신장 및 체중은 어느 정도 되는가요?
답 : 신장은 174cm, 체중은 약 72kg 정도 됩니다.

문 : 담배는 피우는가요?

답 : 안 피우고 있습니다.

문 : 술은 어느 정도 마시는가요?

답 : 평소 주량은 소주 2홉 정도입니다.

문 : 피의자는 이대성, 송봉선, 김은상, 주만종, 이재일, 윤홍준을 알고 있는가요?

답 : 네, 이대성은 안기부 203실장, 송봉선은 203실 단장, 김은상 203실 처장, 주만종은 203실 팀장, 이재일은 팀원으로 6급, 윤홍준은 이재일과 업무협조 관계에 있는 무역업자로서 본 기자회견 전에는 이대성 실장만을 알고 있었고, 나머지 직원에 대해서는 거의 접할 기회가 없어 직급 및 이름을 전혀 모르고 있었으며, 윤홍준은 보고서 상으로 재미교포 협조자로만 알고 있었는데, 이번 사건으로 이름을 알게 되었고, 그가 협조해 준 저의 직원이 이재일이었다는 사실도 이번 사건 발생 후 알게 됐습니다.

문 : 피의자는, 윤홍준이 1997년 12월 11일 11:00경 중국 북경 할러데이 호텔, 12월 12일 17:00경 일본 동경 임페리얼 호텔, 12일 16일 15:00경 서울 여의도 63빌딩에서, 그해 12월 18일 실시 예정이던 제15대 대통령 선거의 새정치국민회의 김대중 후보와 관련된 기자회견을 한 사실을 알고 있는가요?

답 : 네, 알고 있습니다.

문 : 위 세 차례의 기자회견이 국가안전기획부 203실 실장인 이대성, 소속 2단 단장인 송봉선, 소속 6처 처장인 김은상, 소속 5팀 팀장인 주만종, 그 팀원인 이재일의 순차 또는 직접적인 지시에 의해 이뤄진 것이 사실인가요?

답 : 네, 이대성 등이 관련돼 기자회견이 이뤄진 것은 사실이나, 부장인 제가 이대성 실장에게 직접 지시해 이뤄진 것이고, 이대성 실장의 지시로 조직체계상 송봉선 단장 등이 개입돼 있었던 것으로 알고 있습니다.

문 : 그렇다면 피의자가 이대성 실장에게 위와 같이 윤홍준으로 하여금 북경, 동경, 서울 등 3회에 걸쳐 기자회견을 하도록, 안기부 203실에서 추진토록 지시한 것인가요?

답 : 제가 윤홍준으로 하여금 기자회견을 하게 하도록 이대성 실장에게 지시한 것은 사실이고, 다만 그날 이 실장에게 지시하는 과정에서 기자회견 형식을 취할 것인지 여부, 회견장소를 북경, 동경에서 할 것인지 여부에 관하여 실무자들과 논의해 결정했던 것입니다.

문 : 이대성 실장에게 윤홍준 건을 기자회견토록 지시한 일시 및 장소와 지시내용을 간략히 진술하시오.

답 : 12월 7일 08:00경부터 09:00경까지로 기억되는데 교회 가기 전이니까 9시 전후로 생각되는 시간에 서

울 서초구 내곡동 소재 안기부청사 안에 있는 저의 공관에서 이대성 실장을 불러 아침식사를 한 후에 응접실에서 이 실장에게 그와 같은 지시를 했습니다. 지시 내용은 『윤홍준(당시 이름을 몰랐으므로 「협조자」라고 호칭했음)이 11월 말 북경에서의 내사활동이 실패함으로써 이 상황사업을 종결할 수 없지 않으냐』는 논의를 하면서 『윤홍준이 이제 안기부를 믿지 못하겠으니 다른 방법으로 국민들에게 알리는 방법을 택해야겠다』는 말을 했다는 보고를 기억하고 그 말을 하고, 『윤홍준이 아직도 그 같은 신념과 자기가 알고 있는 제반 사항에 대해서 자신 있다는 것을 재확인한 후 본인이 그러한 뜻이 있다면 그 사업을 선택해서 국민들에게 알리는 방법을 강구하라』는 내용이었습니다. 그러나 바로 그 자리에서 장소 등 구체적인 방법은 결정되지 않았고, 그날 오후 이대성 실장이 보고하면서 기자회견 방법이 적당하고 회견장소로는 중국에서 하는 것이 좋겠다고 해서 이 실장과 제가 논의해서 중국에서 기자회견을 하게 하도록 결정했던 것입니다.

문 : 이대성 실장은 2차장실 산하 203실 책임자로서, 업무수행상 이병기 2차장으로부터 지시 · 감독을 받는 관계인데, 2차장을 배제하고 이 실장에게 상황사업과 관련해 직접 보고토록 하고, 이 실장에게 윤홍준의 기

자회견을 추진하도록 한 이유는 무엇인가요?

답 : 안기부 조직의 특성상 반드시 차장을 거쳐서 실장에게 업무지시를 하는 것이 아니고 필요에 따라서는 부장이 직접 실장에게 업무지시를 하고 있으며, 특히 대북공작 사업을 하는 203실 업무에 대해서는 차단의 원칙에 따라서 가급적 적은 수의 사람들이 업무수행 관계를 알고 있는 것이 바람직하므로 실장에게 직접 지시했던 것이지, 이병기 차장을 일부러 배제하려고 했던 것은 아닙니다.

또한 그때 이병기 차장에게는 ○○과 관련해서 중요한 임무를 수행하도록 지시한 상태였기 때문에 그 업무에 전념할 수 있도록 이 건에서는 간여시키지 않은 것입니다.

문 : 이병기 2차장이 윤홍준 기자회견과 관련해서는 아무런 지시를 받거나 기타 간여를 한 사실이 없다는 말인가요?

답 : 네. 그렇습니다.

문 : 『윤홍준 건과 관련해 그 동안의 진행상황을 보고 하라, 그와 관련해 의논할 것이 있다』고 하면서 당일 부장공관으로 이 실장을 오게 했는데, 그때 이대성 실장으로부터 보고받은 내용은 무엇인가요?

답 : 그날은 이 실장으로부터 보고받은 내용보다는 내가 정치권에 대한 경고용으로 하려고 하니 기자회견을

추진하라는 요지의 지시 내용만 기억납니다. 특별히 이 실장이 보고한 것은 없는 것으로 기억됩니다.

문 : 이대성 실장이 윤홍준 건과 관련한 자료를 보고하면서 「허동웅에 대해서는 북한 공작원이라는 첩보가 여러 공작망을 통해 입수됐으나 증거를 확보치 못했고, 현재 허동웅은 국내 및 북한과 연락을 거의 하지 않고 있는 것으로 파악되고 있으므로 당분간은 정보수집이 어려울 것 같다」는 보고를 했다고 하는 데 사실인가요?

답 : 그날 이 실장이 그런 말을 했는지는 정확히 기억나지 않으나, 허동웅과 관련 추가적인 증거확보가 어렵다는 점은 그전부터 보고받아서 알고 있었습니다.

문 : 윤홍준 건과 관련한 공작사업의 명칭이 「상황사업」 또는 「고인돌사업」이라고 하는 것이 맞는가요?

답 : 네, 그리고 「이스턴사업」이라고도 했습니다.

문 : 상황사업의 진행경과를 알고 있는가요?

답 : 네, 알고 있습니다.

문 : 상황사업에 대해서는 97년 2월경 203실에서 대공수사국에 자료를 이첩했으나 대공수사국에서 허동웅이 간첩이라는 뚜렷한 혐의를 잡지 못했고, 오히려 그 과정에서 보안사고가 발생해 조만진 등 국민회의 측에 수사 첩보가 새나가 윤홍준이 허동웅, 조만진으로부터 따돌림을 받고 있다는 보고를 받은 바 있는가요?

답 : 1997년 2월경 그동안 203실에서 수집한 첩보를 근거로 대공수사국 103실에 대공혐의점에 대해 수사에 착수토록 이첩하도록 지시했는데, 이첩되자마자 일주일이 안 돼 수사기밀이 누출돼 국민회의 측이 조만진에 대해서 수사하고 있다는 사실을 알아버렸기 때문에 증거확보에 실패한 것입니다. 103실에서 수사하던 중 증거확보에 실패하고, 그 이후에 국민회의 측에 수사기밀이 누설된 것은 아닌 점이 약간의 차이가 있습니다.

문 : 그때부터 사실상 윤홍준의 허동웅에 대한 첩보수집활동은 중단상태에 있었지요.

답 : 네, 그렇습니다. 허동웅의 활동이 상당히 은밀해지는 등 접근이 어려워 첩보수집활동이 답보상태에 있었습니다.

문 : 그런데 갑자기 1997년 8월경 허동웅이 간첩이라는 것과 국민회의 측 인사의 북한인사 접촉 관련 자료를 찾으라는 지시가 203실을 통해 김은상 처장 등에게 하명됐는데, 그 이유와 경위는 무엇인가요?

답 : 1997년 7월경으로 기억되는데, 허동웅과 관련해 특수첩보(통신첩보)가 접수 됐습니다. 조만진이 허동웅에게 『8월에 오기 전에 북한에 들어가 상황버섯을 가져오라』고 지시하는 내용이 확인돼 김은상 처장 등을 북경에 급파해서 증거를 수집하라고 했던 것입니다.

문 : 김은상 처장은 3급으로 직급이 높은데 그를 파견한 이유라도 있습니까.

답 : 제가 누구를 보내라고 지시한 것은 없습니다. 이 실장이 자기 책임하에 한 일이기 때문에 저로서는 왜 김은상 처장을 보냈는지 관여할 일이 못됩니다.

문 : 이재일 과장이 수차에 걸쳐 북경을 오가며 증거를 찾고자 했으나 실패했고, 김은상 처장이 직접 1997년 10월 18일 북경에 가서 2주 동안 증거를 확보하고자 했으나 실패했으며, 1997년 11월 13일 주만종 팀장이 북경으로 건너가 11월 27일까지 증거 확보에 노력했음에도 불구하고 그같은 노력이 모두 실패한 것은 사실이지요.

답 : 언제 누가 북경에 갔는지는 모르나 그와 같은 증거확보 시도가 실패했다는 보고를 받은 것은 사실입니다. 윤홍준 보고에 의하면 허동웅의 사무실 금고에 북한으로부터 지령받은 내용들이 들어있는 것 같다는 것으로 그 금고에 들어있는 북한지령문서들을 입수하려고 노력했던 것인데, 24시간 감시하고 있는 데다가 캐비닛이 체인으로 연결돼 있고, 비상벨도 설치돼 있는 등 접근이 어려워 실패했다는 보고를 받았습니다.

문 : 위와 같은 첩보수집 활동은 피의자가 직접 이대성 실장에게 지시한 것인가요?

답 : 대공과 관련한 수사상황이었기 때문에 제가 지시하지 않아도 이 실장이 알아서 지시했을 것입니다. 제가 이 실장으로부터 보고받으면서 첩보수집 활동을 강화하라고 해서 이를 부하 직원들이 특별한 지시라고 받아들였는지 모르나 저는 사업의 진행 경과를 보고 받으면서 그때그때 지시했던 것의 하나였지 특별한 지시는 아니었습니다.

문 : 위와 같이 허동웅이 북한 간첩이라는 사실을 입증할 아무런 증거가 확보되지 않은 상태에서 윤홍준으로 하여금 기자회견을 하도록 이대성 실장에게 공작을 추진하도록 지시한 이유는 무엇인가요?

답 : 허동웅이 북한간첩이라는 물증을 확보하는 데에 실패했으나, 윤홍준의 보고 말고도 다른 공작루트를 통해 허동웅이 북한 간첩이라고 확신할 수 있을 정도의 첩보가 있었습니다.

이는 공작 비밀과 관련된 부분이기 때문에 정확히 말씀드리기는 곤란하지만 적어도 5개 정도의 공작망을 통해 확인된 사실입니다.

문 : 이대성 실장에게 공작 추진을 지시하면서 메모지와 함께 공작금으로 1백 불권 지폐로 5만 불이 들어있는 노란색 행정봉투를 준 사실이 있지요.

답 : 네. 메모지를 작성해 준 것도, 포괄적인 경비로 5만

불을 사용하라고 준 것도 사실입니다.

문 : 메모지에 무엇이라고 써서 이대성 실장에게 주었는가요?

답 : 첫 번째로 기억나는 것은 『윤홍준의 의지를 다시 한 번 확인하라』는 내용이었고, 『북경에서 허동웅 등으로부터 윤홍준의 신변 보호에 각별히 유의하라』는 내용이었고, 나머지는 기억이 잘 나지 않습니다.

문 : 이대성의 진술에 의하면 「아말렉」이라는 사업명과 일정, 금일부터 착수할 것이라고 기재된 메모지였다고 하는데 사실인가요?

답 : 네, 맞습니다. 시간이 없었기 때문에 금일부터 착수하라고 했고, 나와 이대성이 모두 기독교 신자이기 때문에 「아말렉」이라는 사업명을 써주었습니다.

문 : 메모지를 미리 작성해서 가지고 있었던가요, 아니면 이 실장과 의논하는 과정에서 메모지를 작성해서 준 것인가요?

답 : 대부분 미리 제가 메모해 가지고 있었던 것이고, 다만 이대성 실장과 의논하는 과정에서 서로 견해가 다른 부분은 수정해서 줬던 것으로 기억됩니다.

문 : 미리 작성했다고 했는데 언제 작성해서 가지고 있었던 것인가요?

답 : 일요일 아침에 일어나서 이대성 실장이 오기 전에 작

성해서 가지고 있었습니다.

문 : 이 대성 실장과 의논하는 과정에서 수정한 부분은 기억나는가요?

답 : 특별히 기억나는 것이 없습니다.

문 : 「아말렉」이라는 사업명은 무엇을 근거로 해서 만든 것인가요?

답 : 아말렉이라는 것은 출애굽기 17장 8절에 보면 『모세가 출애급을 해서 가나안 땅을 가는 길에 아말렉 사람들을 쳐부수다』는 내용이 있는데, 아말렉은 지명을 뜻하는 것으로 모세와 이스라엘 사람들을 공격해 오는 이민족 — 베두원족을 뜻하는 것입니다.

문 : 공작 명칭에 함축된 의미는 무엇인가요?

답 : 기독교 신자로서 성경을 아는 사람들이라면 아말렉 전투에 대해 그 의미를 잘 알고 있는데, 제가 「아말렉」이라고 사업 명칭을 정한 것은 위 기자회견을 하게 된 동기와 부합되는 것으로, 후에 자세히 진술하겠지만 총체적으로 공산세력을 분쇄한다는 의미가 내포돼 있는 것으로 보시면 됩니다.

문 : 위와 같이 메모지에 공작 명칭과 일정, 「금일 즉시 착수할 것」이라고 쓴 메모지를 주었을 때 이대성 실장의 반응은 어떻던가요?

답 : 제가 후에 동기를 말씀드릴 때 자세히 언급하겠지만,

안기부가 당시 정치권으로부터 북풍조작의 본산인 것처럼 공격받고 있는 상황이었고, 안기부 직원들이라면 모두 울분을 참고 있는 상태였기 때문에 이 실장도 별 이의가 없는 것으로 보였습니다.

문 : 이대성 실장의 진술에 의하면, 피의자로부터 윤홍준의 기자회견을 추진토록 하라는 지시를 받는 과정에서, 피의자가 『윤홍준이 그동안 입수해 온 사안이 매우 중요한데 사실이 확인되지 못했기 때문에 어떤 조치를 취할 수는 없겠다. 그러나 본인이 입수한 내용이니 본인이 기자들에게 직접 이야기할 수 있지 않겠느냐』고 해서 이 실장이 『증거도 확보치 못했고, 전후관계가 불분명해서 실효성이 의문입니다』라고 하는 등 난색을 표했다고 하는데 이대성의 진술이 사실과 다르다는 말인가요?

답 : 저는 현재도 이 실장이 별 이의를 제기하지 않았던 것으로 기억합니다. 다만, 그가 나보다 젊고 이 사건의 직접 수행자들이니까 나보다 더 구체적으로 기억하고 있을 것으로 생각되고, 또한 그의 입장에서는 기자회견을 추진하라는 부장의 지시가 내키지 않았다고 하더라도 거역할 수 없었을 수도 있다고 생각합니다.

문 : 피의자가 이대성 실장에게 윤홍준의 기자회견을 추진하도록 지시하면서, 윤홍준 자신이 직접 허동웅으로

부터 들은 것을 발표하는 형식을 취하면 문제가 없다고 하면서 국내에서 기자회견을 추진하도록 지시했다는데 사실인가요?

답 : 기자회견 장소를 국내냐 국외냐 논의하는 과정에서 제가 국내에서 하는 것이 어떠냐고 의견을 제시하면서 이 실장에게 그 여건과 효과 등을 감안해 그의 의견을 이야기하도록 한 것이지, 일방적으로 국내에서 기자회견을 하도록 지시했던 것은 아닙니다.

문 : 이대성의 진술에 의하면, 피의자가 『본인이 입수한 내용을 말하는 것이니 듣는 사람 나름대로 거기에 대한 평가를 하지 않겠느냐, 국내에서 기자들을 모아놓고 그런 얘기를 해보아라』라고 하였고, 이 실장이 『국내에서 그런 얘기를 하다가 문제가 생길 수 있고 해외에서라면 크게 문제없이 될 수 있을는지 모르겠습니다』라고 하자, 피의자가 『국내에서 문제가 생겨 붙잡히면 우리가 신병을 인수해 조사하면 될 것 아니냐』고 해서 이 실장이 국내에서는 말썽의 소지가 있다고 하자, 피의자가 『본인이 현재 미국에 있으니 미국에서 기자들에게 그런 얘기를 하고 북경에서 한 번 더 하는 방안도 있겠다』고 했다는데 기억이 나는가요?

답 : 이 실장과 논의 과정에서 미국 이야기도 나오고, 국내 이야기도 나오고, 중국 이야기도 나왔던 것은 사실인

데, 제가 위와 같이 이 실장에게 이야기를 했는지는 기억이 잘 나지 않습니다.

하여튼 최종적으로 장소 등에 관한 문제에 대해 이대성 실장의 의견을 참고했던 것은 맞습니다.

문 : 윤홍준이 자신이 들은 것으로 하면서 기자회견을 할 경우 아무 문제가 없다는 착상은 피의자가 혼자서 생각한 것인가요? 아니면 법률전문가 등으로부터 조언을 받은 것인가요?

답 : 나 혼자 생각한 것이지 다른 사람들로부터 조언을 받은 사실은 없습니다.

(이하 중략)

위 조서를 진술자에게 열람하게 했던 바 진술 한대로 오기나 증감 변경할 것이 전혀 없다고 말하므로 간인한 후 서명, 무인케 하다.

3월21일 04:00경 조사를 마치고 피의자에게 조서를 보여준 바 몇 가지 자구 수정을 요구해 컴퓨터로 수정하고 출력을 하고 있던 중 잠시 후 자해 소동을 벌여 병원에 후송하여 서명날인 불응

1990년 4월2일 강남성모병원 6010호실에서 13:50경부터 14:20경까지 위 조서를 다시 열람케 한 바, 조서내용 중 서울

에서 기자회견한 부분에 대해서는 지시한 사실이 없다고 주장하므로 그 뜻을 조서말미에 기재하고 간인한 후 서명 무인케 하다.

■■■ 저자소개

◆ 허동웅(許東雄)
• 1986년 연변대학 어문학부 졸업
  1986~1989년 흑룡강성 하얼빈시 흑룡강신문사 기자
  1990년~1995년 중국 태화(太和)여행사 조선처 처장.
      북경 북방태화경제무역회사 사장
  2002~현재까지 북경동창(東創)태화무역회사 사장.
      북성okworld과무(科貿)유한회사 회장